චතුරාර්ය සත්‍යාවබෝධයට ධර්ම දේශනා....

අතරමං
නොවීමට

පූජ්‍ය කිරිබත්ගොඩ ඤාණානන්ද ස්වාමීන් වහන්සේ

චතුරාර්ය සත්‍යාවබෝධයට ධර්ම දේශනා....

අතරමං නොවීමට

පූජ්‍ය කිරිබත්ගොඩ ඤාණානන්ද ස්වාමීන් වහන්සේ

© සියලුම හිමිකම් ඇවිරිණි.

ISBN : 978-955-0614-52-3

ප්‍රථම මුද්‍රණය : ශ්‍රී බු.ව. 2555 ක් වූ වප් මස පුන් පොහෝ දින
දෙවන මුද්‍රණය : ශ්‍රී බු.ව. 2556 ක් වූ බිනර මස පුන් පොහෝ දින

- සම්පාදනය -

මහමෙව්නාව භාවනා අසපුව
වඩුවාව, යටිගල්ඔළුව, පොල්ගහවෙල.
දුර : 037 2244602
info@mahamevnawa.lk | www.mahamevnawa.lk

- පරිගණක අකුරු සැකසුම, පිටකවර නිර්මාණය සහ ප්‍රකාශනය -

මහාමේඝ ප්‍රකාශකයෝ
වඩුවාව, යටිගල්ඔළුව, පොල්ගහවෙල.
දුර : 037 2053300, 0773216685
mahameghapublishers@gmail.com | www.mahameghapublishers.com

- මුද්‍රණය -

ලීඩ්ස් ග්‍රැෆික්ස් (පුද්.) සමාගම,
අංක 356 E, පන්නිපිටිය පාර, තලවතුගොඩ.

චතුරාර්ය සත්‍යාවබෝධයට ධර්ම දේශනා....

අතරමං නොවීමට

පූජ්‍ය කිරිබත්ගොඩ ඤාණානන්ද ස්වාමීන් වහන්සේ
විසින් පවත්වන ලද සදහම් වැඩසටහන් වලදී දේශනා කරන ලද
සූත්‍ර දේශනා ඇසුරෙනි.

මහාමේඝ
MAHAMEGHA

ප්‍රකාශනයකි

පෙළගැස්ම....

"දසබලසේලප්පභවා නිබ්බානමහාසමුද්දපරියන්තා
අට්ඨංග මග්ගසලිලා ජිනවචනනදී චිරං වහතූති"

දසබලයන් වහන්සේ නමැති ශෛලමය පර්වතයෙන් පැන නැගී
අමා මහා නිවන නම් වූ මහා සාගරය අවසන් කොට ඇති
ආර්ය අෂ්ටාංගික මාර්ගය නම් වූ සිහිල් දිය දහරින් හෙබි
උතුම් ශ්‍රී මුඛ බුද්ධ වචන ගංගාව
(ලෝ සතුන්ගේ සසර දුක නිවාලමින්)
බොහෝ කල් ගලාබස්නා සේක්වා!

(සළායතන සංයුත්තය - උද්දාන ගාථා)

නමෝ තස්ස භගවතෝ අරහතෝ සම්මාසම්බුද්ධස්ස
ඒ භාග්‍යවත් අරහත් සම්මා සම්බුදුරජාණන් වහන්සේට නමස්කාර වේවා!

01.
මේඝිය සූත්‍රය

(අංගුත්තර නිකාය 5 - සම්බෝධි වර්ගය)

ශ්‍රද්ධාවන්ත පින්වතුනි,

අද අපි ඉගෙනගන්නේ බුදුරජාණන් වහන්සේ වදාළ ලස්සන දේශනයක්. මේ දේශනාව ඇතුළත් වෙලා තියෙන්නේ අංගුත්තර නිකායේ නව වන නිපාතයේ. මේ දේශනාවේ නම 'මේඝිය සූත්‍රය.' මේඝිය කියන ස්වාමීන් වහන්සේට වදාළ දේශනයක්.

බුදුරජාණන් වහන්සේට උපස්ථාන කළේ ආනන්ද හාමුදුරුවෝ විතරක් නෙවෙයි...

මේ පින්වතුන් අහලා තියෙනවා බුදුරජාණන් වහන්සේට අවුරුදු විසිපහක් මුළුල්ලේ අග්‍ර වශයෙන් උපස්ථාන කළ ස්වාමීන් වහන්සේ නමක් ගැන. කවුද ඒ? ආනන්ද හාමුදුරුවෝ. බුදුරජාණන් වහන්සේට ආනන්ද හාමුදුරුවෝ උපස්ථාන කරනකොට උන්වහන්සේ රහත් වෙලා හිටියේ නෑ.

නමුත් පෘථග්ජන කෙනෙක් නෙවෙයි. සෝතාපන්න වෙලයි හිටියේ. ආනන්ද ස්වාමීන් වහන්සේට අමතරව බුදුරජාණන් වහන්සේට තවත් ස්වාමීන් වහන්සේලා උපස්ථාන කළා. 'නාගිත' කියලා ස්වාමීන් වහන්සේ නමක්, ඒ වගේම 'මේඝිය' කියලා ස්වාමීන් වහන්සේ නමක්. දැන් මේ දේශනාව කරන දවස්වලදී බුදුරජාණන් වහන්සේට උපස්ථාන කළේ මේඝිය කියන ස්වාමීන් වහන්සේ. ඒ දවස්වල බුදුරජාණන් වහන්සේ වැඩ සිටියේ චාලිකා කියන නගරයේ. මේ චාලිකා නගරයේ ආසන්නයේ තිබුණා 'චාලිකා' කියලා කන්දක්. අන්න ඒ කන්දේ තමයි බුදුරජාණන් වහන්සේ වැඩසිටියේ.

මෙතන භාවනා කරන කෙනෙකුට කියාපු තැන...

ඉතින් එදා උදේ ඒ මේඝිය ස්වාමීන් වහන්සේ, බුදුරජාණන් වහන්සේට වන්දනා කරලා කිව්වා, "ස්වාමීනි, භාග්‍යවතුන් වහන්ස, මම අද 'ජන්තු' කියන ගමට පිණ්ඩපාතේ වඩින්න කැමතියි." බුදුරජාණන් වහන්සේ වදාළා, "හොඳයි, එහෙනම් ගිහිල්ලා එන්න." කියලා. ඉතින් මේ ස්වාමීන් වහන්සේ ජන්තු කියන ගමට පිණ්ඩපාතේ වැඩියා. පිණ්ඩපාතේ වැඩලා, දානය පිළිඅරගෙන, ඊට පස්සේ පාත්‍රයට ලැබිච්ච දානේ ටික විවේක තැනකට ගිහිල්ලා වැළඳුවා. ඒ ළඟම තිබුණා 'කිමිකාලා' කියලා ලස්සන ගංගාවක්. ඒ ගං තීරය දිගේ මේ ස්වාමීන් වහන්සේ ඇවිදගෙන ඇවිදගෙන ගියා. යනකොට දැක්කා ලස්සන අඹ වනයක්. කිමිකාලා කියන ගඟ අයිනේ හොඳට හෙවණ තියෙන, අතුපතර විහිදුන ගස් තියෙන ලස්සන අඹ වනයක්. මේ ස්වාමීන් වහන්සේ මේ අඹ වනය දිහා ටිකක් වෙලා බලාගෙන හිටියා. ඉඳලා

කල්පනා කළා, "ආ... මෙතන හරි හොඳයිනේ මට භාවනා කරන්න. මෙතැන නම් භාවනා කරන කෙනෙකුට කියාපු තැන. මම බුදුරජාණන් වහන්සේගෙන් අවසර අරගෙන මෙතනට එන්න ඕනෑ භාවනා කරන්න" කියලා කල්පනා කරලා බුදුරජාණන් වහන්සේ ළඟට වැඩියා.

භාවනා කරන්න යන්න අවසර ඉල්ලුවා...

ගිහින් බුදුරජාණන් වහන්සේට වන්දනා කරලා, පැත්තකින් වාඩිවෙලා කියනවා, "ස්වාමීනි, භාග්‍යවතුන් වහන්ස, මම අද ජන්තු ගමට පිණ්ඩපාතේ වැඩම කළා. ඒ ගමට ළඟම තියෙනවා කිමිකාලා කියලා ලස්සන නදියක්. ඒ නදී තෙරේ මම ඇවිදගෙන ගියා. ඇවිදගෙන යනකොට මම දැක්කා අඹ වනයක්. ඒ අඹ වනය හරිම ලස්සනයි. භාවනා කරන කෙනෙකුට නම් හරිම හොඳයි.' ඉතින් භාග්‍යවතුන් වහන්සේ අවසර දෙනවා නම්, මම භාවනා කරන්න ඒ අඹ වනයට යන්නම්." බුදුරජාණන් වහන්සේ වදාළා, "පින්වත් මේඝිය, පොඩ්ඩක් ඉන්න. දැන්ම කලබල වෙන්න එපා. දැන් කවුරුවත් නැනේ මෙතන. තව කවුරුහරි භික්ෂුවක් එනකම් ඉන්න" කිව්වා.

තුන්වන වතාවෙදි අවසර දුන්නා...

එතකොට මේඝිය ස්වාමීන් වහන්සේ කියනවා, "අනේ භාග්‍යවත් බුදුරජාණන් වහන්ස, භාග්‍යවතුන් වහන්සේට නම් දැන් ඉතින් අමුතුවෙන් භාවනාවක් කරන්න ඕන නෑ. භාග්‍යවතුන් වහන්සේ ධර්ම මාර්ගය සම්පූර්ණ කරගෙනයි වැඩඉන්නේ. අනේ, මං එහෙම නෙවෙයි. මට තවදුරටත් මේ භාවනාව දියුණු කරගන්න ඕන. භාග්‍යවතුන් වහන්සේ අවසර දෙනවා නම්, මම ඒ අඹ වනයට යන්න කැමතියි" කියලා.

බුදුරජාණන් වහන්සේ ආයෙමත් වදාළා, "පින්වත් මේඝිය, පොඩ්ඩක් ඉන්න... කවුරුහරි භික්ෂුවක් ආවට පස්සේ පිටත් වෙන්න පුළුවන්" කියලා.

එතකොට මේ ස්වාමීන් වහන්සේ තුන්වෙනි වතාවටත් කියනවා, "අනේ ස්වාමීනි, භාග්‍යවතුන් වහන්ස, භාග්‍යවත් බුදුරජාණන් වහන්සේට නම් අමුතුවෙන් භාවනාවක් කරන්න කියලා දෙයක් නැහැ. අනේ මට නම් එහෙම නෙවේ. මට මේ භාවනාව කොහොමහරි කරගන්න ඕනෑ. භාග්‍යවතුන් වහන්සේ අවසර දෙනවා නම් මම යන්න කැමතියි" කියලා.

බුදුරජාණන් වහන්සේ වදාළා, "හොඳයි... යන්නම ඕනෑ කියනවා නම් මොකද කරන්නේ? එහෙනම් භාවනා කරන්න යන්න..." කිව්වා.

භාවනා කරන්න ගියාට භාවනා කරගන්න බෑ...

මේඝිය ස්වාමීන් වහන්සේට දැන් ඉතින් හරි සතුටුයි. දැන් මේ භාවනා කරන්න යන්නේ කිමිකාලා නදී තීරයේ තියෙන අඹ වනයට. අඹ වනයට ගිහිල්ලා හරි සතුටින් බැලුවා හොඳ තැනක්. හොඳ අතු පතර විහිදිච්ච ලස්සන ගහක් තියෙනවා දැක්කා. ගිහිල්ලා අඹ ගස් සෙවණේ වාඩිවෙලා භාවනා කරන්න පටන් ගත්තා. භාවනා කරන්න පටන් අරන් ටිකක් වෙලා යනකොට මේ ස්වාමීන් වහන්සේගේ හිතට පරණ දේවල් මතක් වෙනවා. පරණ දේවල් මතක්වෙලා රාග අරමුණු ඇවිස්සිලා එන්න ගත්තා. ද්වේෂය ඇවිස්සිලා එන්න ගත්තා. හිංසා සිතුවිලි එන්න පටන්ගත්තා.

මේඝිය ස්වාමීන් වහන්සේ කල්පනා කළා, "මේ මොකද මේ? හරි පුදුම වැඩක්නේ මේක. මම කොයිතරම් ශ්‍රද්ධාවෙන් මහණ වෙච්ච කෙනෙක්ද? දැන් එබඳු මගේ හිතේ රාගයක් ඇතිවෙලා. මෙවැනි ආකාරයට ද්වේෂය ඇතිවෙලා. මෙවැනි ආකාරයට හිංසා සිතුවිලි ඇතිවෙලා. මේක මහා අනතුරක්නේ..." කියලා. දැන් මේඝිය ස්වාමීන් වහන්සේට භාවනා කරගන්න බෑ. නැගිටලා ආයෙමත් කෙළින්ම ගියා බුදුරජාණන් වහන්සේව බැහැදකින්නට.

ආපහු බුදුරජාණන් වහන්සේ ළඟට ගියා...

ගිහිල්ලා බුදුරජාණන් වහන්සේට මේඝිය තෙරුන් වහන්සේ කියා සිටියා, "භාග්‍යවත් බුදුරජාණන් වහන්ස, මම අර අඹ වනයට ගියා. භාවනා කරන්න හිතාගෙන ලස්සන අඹ ගසක් යට වාඩිවුණා. භාවනා කරන්න පටන් ගත්තා. අනේ භාග්‍යවත් බුදුරජාණන් වහන්ස, මට හරිම පුදුමයි. මට අදහාගන්න බෑ. මගේ හිතේ රාගය ඇවිස්සෙනවා. ද්වේෂය ඇවිස්සෙනවා. අකුසල් සිතුවිලි ඇවිස්සෙනවා. මම ඉතින් කල්පනා කළා, 'මේක හරි පුදුම දෙයක්නේ. මම කොයිතරම් ශ්‍රද්ධාවකින් බුද්ධ ශාසනයට ඇතුළුවෙච්ච කෙනෙක්ද? ඇයි මට මෙහෙම වුණේ?' කියලා. මම මේ ගැන කියන්නයි භාග්‍යවතුන් වහන්සේ ළඟට ආවේ" කියලා කිව්වා.

අන්න ඒ වෙලාවෙදි බුදුරජාණන් වහන්සේ මේ දේශනාව වදාළා. මේ දේශනාව බොහෝම වැදගත්. අපට බොහෝම ප්‍රයෝජනවත් වන දේශනයක්.

නිවන් අවබෝධය පිණිස, ජීවිතය මෝරන්න ඕනෑ...

බුදුරජාණන් වහන්සේ වදාළා, "පින්වත් මේඝිය,

නිවන් අවබෝධය පිණිස මෝරපු නැති ජීවිතය, නිවන් අවබෝධය පිණිස මෝරන්න හේතුවන කරුණු පහක් තියෙනවා.” එහෙම නම් මේ දේශනාවෙන් පැහැදිලිව එකක් තේරෙනවා. නිවන් අවබෝධය පිණිස ජීවිතේ මෝරන්න ඕනෑ. අපි දන්නවා, ගස්වල ගෙඩි හැදිලා මෝරනකම් බලාගෙන ඉන්න ඕනෑ. කුඹුරක් වැපුරුවට පස්සේ අස්වැන්න ලැබෙනකම් බලාගෙන ඉන්න ඕන. ඒ වගේම ජීවිතයත් මෝරන්න කරුණු කීයක් බුදුරජාණන් වහන්සේ වදාළද? නිවන් අවබෝධ කිරීම පිණිස කරුණු පහක් තියෙනවා. ඒ විදිහට මෝරන්න ඒ කරුණු පහ හම්බවුණේ නැත්නම් සංසාරේ යනවා. ගැටේම ඉපදුණා. ගැට මෝරලා නැහැ. ගැට පිටින්ම මැරෙනවා. කොච්චර වයසට ගියත් මෝරන්නේ නැහැ. මෝරන්න නම් කරුණු පහක් සම්පූර්ණ වෙන්න ඕනෑ. ඒ කරුණු පහෙන් තමයි ජීවිතේ නිවන් අවබෝධය පිණිස මෝරන්නේ.

නිවන් අවබෝධය පිණිස මෝරපු ජීවිත...

බුදුරජාණන් වහන්සේගේ කාලේ නිවන් අවබෝධය පිණිස මෝරපු ස්වාමීන් වහන්සේලා හිටියා. ඒ අයව මහණ කරන්න ඔළුවේ කෙස් ටික කපලා අතට දෙනවා, ‘මේවා කෙස්... ලොම්... දත්... සම... නහර... මේ විදිහට අනිත්‍ය මෙනෙහි කරන්න’ කියලා. ඒ විදිහට මෙනෙහි කරනකොට කෙස්බාන වෙලාවේ රහත් වෙනවා. එහෙම වෙච්ච අය හිටියා. ඒ තමයි මෝරපු ජීවිත.

අපේ ජීවිතේ ගත්තොත්, අපි දැන් කලින්ට වඩා ජීවිතේ ගැන දන්නවා. ඒ කියන්නේ ටිකක් මෝරලා. බුදුරජාණන් වහන්සේ වදාළා, ඒ මෝරන එකේ පළවෙනි කාරණය.

බුද්ධ ශාසනය සම්පූර්ණයෙන්ම පවතින්නේ කල්‍යාණ මිත්‍රයන් මත...

"පින්වත් මේඝිය, නිවන් අවබෝධ නොවෙච්ච ජීවිතයට, නිවන් අවබෝධය පිණිස, මෝරන්නට උපකාර වන පළවෙනි කාරණය තමයි කල්‍යාණ මිත්‍රයන් ඇති බව."

දවසක් ආනන්ද හාමුදුරුවෝ බුදුරජාණන් වහන්සේ ළඟට පැමිණිලා ප්‍රකාශ කළා, "ස්වාමීනි, භාග්‍යවතුන් වහන්ස, මට හිතෙනවා මේ බුද්ධ ශාසනේ භාගයක්ම තියෙන්නෙ කල්‍යාණමිත්‍ර ආශ්‍රය මත' කියලා." එතකොට බුදුරජාණන් වහන්සේ වදාළා, "හා... හා... ආනන්ද, එහෙම කියන්න එපා! ආනන්ද, බුදුරජාණන් වහන්සේගේ ශාසනය සම්පූර්ණයෙන්ම පවතින්නේ කල්‍යාණ මිත්‍රයන් මතයි." ඊළඟට බුදුරජාණන් වහන්සේ තමන් ගැනත් හඳුන්වලා දුන්නා. "පින්වත් ආනන්ද, කල්‍යාණමිත්‍ර වූ තථාගත බුදුරජාණන් වහන්සේ ළඟට එන ජනතාව ඉපදීමෙන් නිදහස් වෙනවා. කල්‍යාණමිත්‍ර වූ තථාගත බුදුරජාණන් වහන්සේ ළඟට ඇවිත් ජනතාව ජරාවෙන් නිදහස් වෙනවා. මරණයෙන් නිදහස් වෙනවා. සෝක, වැළපීම්, දුක් දොම්නස්වලින් නිදහස් වෙනවා" කියලා.

කල්‍යාණ මිත්‍රයන් ඉන්නවා නම් කිසි ගැටළුවක් නෑ...

එහෙම නම් අපට පේනවා කල්‍යාණ මිත්‍රයන් කියලා කියන්නේ නිවන පිණිස තිබිය යුතු ප්‍රධාන උපකාරක ධර්මයක්. කල්‍යාණ මිත්‍රයන් හිටියොත් අපේ ජීවිතයට

කිසිම ගැටළුවක් වෙන්නේ නෑ. හොඳ ආරක්ෂාවක් තියෙනවා. බුදුරජාණන් වහන්සේ හැමතැනකදීම පෙන්නා දී තිබෙන්නේ කල්‍යාණ මිත්‍රත්වයේ තියෙන වටිනාකම ගැනයි. කල්‍යාණ මිත්‍රයන්ගෙන් තමයි ශ්‍රී සද්ධර්මය අසා දැනගන්න ලැබෙන්නෙත්.

බුදුරජාණන් වහන්සේ පළමුවෙනි රහතන් වහන්සේලා හැටනමට වදාළා, "පින්වත් මහණෙනි, එක මගකින් දෙදෙනෙක් වඩින්න එපා. ගිහින් ඔබ මේ ධර්මය කියන්න. මුල, මැද, අග පිරිසිදු, අර්ථ සහිත, පැහැදිලි ප්‍රකාශනවලින් යුක්ත මේ ශ්‍රී සද්ධර්මය, මේ නිවන් මග කියාගෙන යන්න. මේ ධර්මය අවබෝධ කරන අය ඉන්නවා" කියලා. මේ විදිහට රහතන් වහන්සේලා ධර්මය කියාගෙන යනකොට අර නුවණ තියෙන එක්කෙනා අවබෝධ කරගන්නවා. ඒකට කල්‍යාණමිත්‍ර ආශ්‍රය පුදුම විදිහට උපකාර කරනවා.

සැරියුත් හාමුදුරුවන්ගේ මුළු පවුලම මාර්ග ඵල ලැබුවා...

සැරියුත් හාමුදුරුවන්ගේ පවුලේ නංගිලා, මල්ලිලා, අයියලා සියලුදෙනාම රහතන් වහන්සේලා බවට පත්වුණා. අම්මා අන්තිම මොහොතේදි සෝතාපන්න වුණා. කල්‍යාණමිත්‍ර සේවනය කියන්නේ ඒකයි.

සැරියුත් හාමුදුරුවන්ගේ මල්ලී කෙනෙක් හිටියා 'රේවත' කියලා. සැරියුත් හාමුදුරුවෝ දැනගෙන හිටියා, 'මෙයා සංසාරේ රැඳෙන කෙනෙක් නෙමෙයි' කියලා. සැරියුත් හාමුදුරුවන්ගේ අම්මා බ්‍රාහ්මණ ආගම අදහාගෙන හිටපු කෙනෙක්. අම්මා බලෙන් මල්ලිව විවාහ කරලා දෙන්න ලෑස්ති වුණා.

දෝලාවෙන් පැනලා කැලේට දිව්වා...

ඒ කාලේ සිරිත තමයි, මනමාලිගේ ගෙදරට මනමාලයාව දෝලාවෙන් එක්කරගෙන යන එක. දැන් මේ කුමාරයාවත් හොඳට සරසාගෙන, දෝලාවේ තියාගෙන එක්කරගෙන යනවා. රේවත කුමාරයාත් දෝලාව ඇතුළේ ගැහි ගැහී යනවා. ඇයි ඒ? දැන් මේ සංසාරෙට බන්දලා දෙන්නයි හදන්නේ කියලා දන්නවා. දැන් මෙයාට බේරෙන්න විදිහක් නැහැ. අතරමගදී කැළෑ හරියක් හම්බවුණා. දොට්ට පිලට යන්න දෝලාව පොඩ්ඩක් නවත්වන්න කිව්වා. නැවැත්තුවා. ගියා කැළේ ඇතුළට. ඇඳගෙන හිටපු රත්තරන් ආභරණ ගලවලා පැත්තකින් දැම්මා. එහෙම ම කැළේ ඇතුළට දිව්වා.

සැරියුත් හාමුදුරුවෝ ස්වාමීන් වහන්සේලාට කලින්ම කියලා තිබුණා, "කවුරුහරි ඇවිල්ලා කිව්වොත් 'මම සැරියුත් හාමුදුරුවන්ගේ මල්ලී...' කියලා එවේලේම මහණ කරන්න" කියලා.

හොයලා බැලුවා... කැළේ හාමුදුරුවරු වගයක් ඉන්නවා...

දැන් මෙයා හතිදාගෙන දුවගෙන, දුවගෙන යද්දි පතොක්තියෙන වනාන්තරයක්. ඒකේ ස්වාමීන් වහන්සේලා කීපනමක් වැඩඉන්නවා දැක්කා. මෙයා හතිදාගෙන දුවගෙන ගිහිල්ලා කිව්වා, "අනේ හාමුදුරුවනේ, මම සැරියුත් හාමුදුරුවන්ගේ මල්ලී..." කියලා. 'ආ... එන්න' කියලා ඒ වෙලේම එක්කගෙන ගිහින් මහණ කළා.

දැන් අර මගුල් තුලාවට පැමිණිච්ච අය මනමාලයව කැළේ පීර පීරා හොයනවා. හෙව්වට මනමාලය හම්බවුණේ නෑ. හාමුදුරුවරු ටිකක් ඉන්නේ. මිනිස්සු

හැරිලා ගියා. අන්න එහෙමයි රේවත ස්වාමීන් වහන්සේ මේ සංසාරෙන් පැනලා තියෙන්නේ.

කළ්‍යාණ මිත්‍රයා නිසයි බේරුණේ...

ඒ බේරුණේ කල්‍යාණ මිත්‍රයෙක් හිටිය නිසයි. සාමාන්‍ය ලෝකෙ අය මේ දේවල් දන්නේ නෑ. මිනිස්සු එක එක ඒවා කියන්න ඇති. නමුත් ඇත්තටම ජයගත්තේ කවුද? රේවත හාමුදුරුවෝ.

කදිරවනයේ රේවත හාමුදුරුවෝ කියන්නේ උන්වහන්සේට. උන්වහන්සේ ඒ වනාන්තරේමයි නැවතිලා හිටියේ. ඒ වනාන්තරේමයි රහත් වුණේ. පිරිනිවන් පානකම්ම දිගටම හිටියෙ ඒ වනාන්තරේමයි.

කල්‍යාණ මිත්‍රයයි, පාප මිත්‍රයයි හොඳට හඳුනාගන්න...

කල්‍යාණ මිත්‍රයා කියන්නේ නිවන් මගේ කටයුතු කරන්න උදව්කරන කෙනා. කල්‍යාණ මිත්‍රයා ආර්ය සත්‍ය අවබෝධ කරන්න උදව් කරනවා. කල්‍යාණ මිත්‍රයා සිල් රකින්න අනුබල දෙනවා. කල්‍යාණ මිත්‍රයා සමාධිය වඩන්න අනුබල දෙනවා. කල්‍යාණ මිත්‍රයා ප්‍රඥාව දියුණු කරගන්න අනුබල දෙනවා.

නමුත් පාප මිත්‍රයා මීට හාත්පසින්ම වෙනස්. පාප මිත්‍රයා කියන්නේ... 'යුතුකම් ඉෂ්ඨ කරගෙන හිටපන්. ඔන්න ඔහේ ගෙවල්වලට වෙලා හිටපන්. මොන නිවන්ද? ඔය ඇති.' අන්න එතකොට හඳුනාගන්න පාප මිත්‍රයව. 'ගිහියන්ට මොන භාවනාද? භාවනා කරන්න කල්පනා කරන්න එපා. ගිහි ජීවිත අවුල් වෙයි. ඕවා නවත්තලා දාන්න...' කවුද ඒ? පාප මිත්‍රයා. පාප මිත්‍රයන් ඉන්න

පැත්තේ හුළඟක්වත් වදින්න හොඳ නෑ. මේ නිවන් මගේ ගමන් කිරීමේදී පාප මිත්‍රයා එච්චරටම අනතුරුදායකයි.

නිවන් මගට එකම පිහිට කල්‍යාණ මිත්‍රයායි...

නිවන් මගේ ගමන් කිරීමේදී කල්‍යාණ මිත්‍රයා විතරයි පිහිට වෙන්නේ. කල්‍යාණ මිත්‍රයා සංසාරේ භයානකකම ගැන කියලා දෙනවා. කල්‍යාණ මිත්‍රයා චතුරාර්ය සත්‍යය අවබෝධය ගැන කියලා දෙනවා. පෘථග්ජන ජීවිතෙන් එතෙර වෙන්න කියලා බල කරනවා. ඉක්මණින්ම ධර්මාවබෝධය කරගන්න කියලා කියනවා.

එතකොට බුදුරජාණන් වහන්සේ පෙන්වා දෙනවා ජීවිතයක් නිවන් අවබෝධය පිණිස මෝරන්න නම්, පළවෙනි උපකාරක ධර්මය අවශ්‍යයි. මොකක්ද ඒ? කල්‍යාණමිත්‍ර සේවනය.

ධර්ම පොත්වල තියෙන්න ඕන, බුදුරජාණන් වහන්සේගේ අදහසයි...

දැන් මේ පින්වතුන් දන්නවා බණ පොත් තියෙනවා. අන්න හොඳ කල්‍යාණ මිත්‍රයෙක්. හැබැයි ඒ බණ පොතේ බුදුරජාණන් වහන්සේගේ ධර්මයම විතරයි තියෙන්න ඕන. අතින් දාපු කෑලි නොවෙයි.

අතින් දාපු කෑලි කියන්නෙ මොනවද? 'ඕවා කරන්න බෑ. පාරමිතා ඕනෑ. පින් මදි. ත්‍රිහේතුක ප්‍රතිසන්ධි ඕන. මේ කාලේ ධර්මාවබෝධ කරන්න බෑ...' මේ මොනවද? අතින් දාපු ඒවා. ආන්න ඒ අතින් දාපු කෑලි නැති පිරිසිදු ධර්මයම ලැබෙන්න ඕන. පිරිසිදු ධර්මය තුළ තියෙන්නේ බුදුරජාණන් වහන්සේගේ අදහස් විතරමයි. අන්න ඒ පිරිසිදු ධර්මය තමයි අපේ කල්‍යාණ මිත්‍රයා.

අපේ වාසනාවට පරම පිවිතුරු බුද්ධ දේශනාවල් තවම තියෙනවා.

මේ ලෝකයේ හැමදෙනාම බුද්ධිමත් නෑ...

අපට සියලු දෙනාම ධර්මය කරා ගෙනියන්න පුළුවන්ද? බෑ. ලෝකෙ සියලු දෙනාම එකවගේ බුද්ධිමත් නැහැ. අතේ ඇඟිලි පහ ගත්තොත් පස් ආකාරයක්. මේ වගේ තමයි සියලු දෙනාම එකම විදිහට බුද්ධිමත් නැහැ. සියලු දෙනාටම 'ආර්ය සත්‍ය අවබෝධ කරන්න ඕන' කියන අදහස නෑ. මේක තේරෙන්නේ ස්වල්ප දෙනාටයි. බුදුරජාණන් වහන්සේ දවසක් තමන් වහන්සේගේ නියපොත්තට පස් ටිකක් අරගෙන වදාළා, "මේ ධර්මය අවබෝධ කරන්නේ මෙන්න මේ වගේ ස්වල්ප දෙනෙක්" කියලා. එහෙමනම් ඒ ස්වල්ප දෙනා තමයි කල්‍යාණ මිත්‍රයෝ.

රහතන් වහන්සේලා සංසාරෙට බැඳෙන්න ධර්මය කියන්නේ නෑ...

අපි හිතමු මේ ලෝකෙට රහතන් වහන්සේ නමක් බිහිවුණා කියලා. ඒ රහතන් වහන්සේ ළඟට ගිහිල්ලා බණ ඇහුවොත්, ඒ රහතන් වහන්සේ මොන වගේ ධර්මයක් කියයිද? කෙළින්ම සංසාරෙන් ගැලවෙන ධර්මය කියයි. සංසාරේ ඇවිද ඇවිද යන විදිහේ ධර්මයක් රහතන් වහන්සේ නමකගෙන් අහන්න ලැබෙන්නේ නෑ.

අපි හිතමු සංසාර දුකින් මිදෙන්න කල්පනා කරන ශ්‍රාවකයෙක් ඉන්නවා. එයා කිව්වත් කියන්නේ, සංසාරෙන් මිදෙන ධර්මයක් මිසක්, මේකට ඇලුම් කර කර ඉන්න ධර්මයක් නෙවෙයි. මොකද හේතුව? ඒ තරම්ම

මේ සංසාර ගමනේ අනතුරක් තියෙනවා. අපට අනතුරක් තියෙන බව තේරෙන්නේ නැත්තේ මොකද? අපට ඒක පේන්නේ නැති නිසයි.

පාප මිත්‍රයන්ට අහුවුණොත් සසර බය නැතිව යනවා...

සාමාන්‍යයෙන් පාප මිත්‍රයන්ට නැඹුරු වුණොට පස්සේ සංසාරෙට බය නැතිව යනවා. පාපමිත්‍ර සේවනයේ භයානකකම ඒකයි. හොඳට බලන්න, මේ හිතේ ස්වභාවය තමයි, පව් කරන්න පෙළඹුණොත් පවට බය නැතිව යනවා. විපාකයට බය නැතිව යනවා. ඒකට මුහුණ දෙන්න කැමති වෙනවා. ඊට පස්සේ කවුරුහරි කිව්වොත්, 'නෑ... නෑ... මේක භයානකයි, ගිහින් බැරිවෙලාවත් බල්ලෙක් බළලෙක් වුණොත්...' කියලා, 'කමක් නැහැ. එතකොට දන්නේ නෑනේ' කියලා කියනවා. එහෙම අය හරියට ඉන්නවා. 'බැරිවෙලාවත් කාණුවක පණුවෙක් වුණොත්...' කියලා කිව්වොත් මොකද කියන්නේ? 'හා... කමක් නෑ. පණුවෙක් වුණාට අපි දන්නේ නෑනේ' කියනවා. ඒ කියන්නේ ඕනෑම වෙලාවක අපායට යන්න ලෑස්තියි. අන්න ඒක තමයි පාප මිත්‍රයාගේ ස්වභාවය.

කල්‍යාණ මිත්‍රයා තමයි ජීවිතේ ගැන හිතන්නේ...

කල්‍යාණ මිත්‍රයා තමයි නැවතිලා කල්පනා කරන්නේ, 'හප්පා.... මෙහෙමත් දෙයක් තියෙනවානේ. මේකත් හිතේ හැදෙන දෙයක්නේ. හරිම භයානකයි. මේකෙන් වළකින්න නම් කොහොමහරි ආර්ය සත්‍යය දකින්න ඕනෑ. නැත්නම් මේකෙන් ගැලවෙන්න බෑ.'

කියලා බය වෙනවා. කවුද ඒ? කල්‍යාණ මිත්‍රයා.

කල්‍යාණමිත්‍ර ආශ්‍රය තියෙන නිසා දූන් දන්නවා, වැරදුණොත් වරදින්න තියෙන්නේ සිත, කය, වචනය කියන තුන්දොර නොමග ගිය නිසයි කියලා.

ජීවිතයට සිදුවන විපත් තියෙනවා...

බුදුරජාණන් වහන්සේ දේශනා කරලා තියෙනවා විපත්ති.

සීලය නැතිවුණොත් ඒක ජීවිතයකට සිදුවන විපතක්. සම්මා දිට්ඨිය නැත්නම් ඒක ජීවිතේට සිදුවන විපතක්. බුදුරජාණන් වහන්සේ වදාළා, ඒ විපතට පත්වුණාට පස්සේ අන්න එයා නිරයේ උපදිනවා. තිරිසන් යෝනියේ උපදිනවා. පෙරේත ලෝකයේ උපදිනවා. මෙන්න මෙවැනි දේවල් කල්‍යාණ මිත්‍රයන්ගෙන් අහන්න ලැබෙනවා.

දෙවෙනි උපකාරක ධර්මය තමයි සිල්වත්කම...

ඊළඟට කල්‍යාණ මිත්‍රයන්ගෙන් අහන්න ලැබෙනවා 'මේ ජීවිතය සංවර කරගන්න. යහපත් කරගන්න...' කියලා. ඔන්න දෙවෙනි උපකාරක ධර්මය ලැබෙනවා. දෙවැනි උපකාරක ධර්මය තමයි සිල්වත්කම. බුදුරජාණන් වහන්සේ වදාළ ඒ ශික්ෂාපදවල සමාදන් වෙලා, ආචාරගෝචර සම්පන්නව බොහෝම හොඳට වත්පිළිවෙත් වලින් යුක්ත වෙලා. යහපත් ඇවතුම්-පැවතුම් වලින් යුක්තව, අණුමාත්‍ර වරදේ පවා බය දකිමින් වාසය කරන්න කියලා. අන්න එයා ශික්ෂා පද සමාදන් වෙලා ඒවා ආරක්ෂා කරනවා.

අවංක වුණාම හොඳට සිල් රකින්න පුළුවන්...

සිල්වත් වෙන්න තියෙන හොඳම දෙයක් තමයි පුළුවන් තරම් අවංක වෙන්න උත්සාහ කරන එක. පුළුවන් තරම් අවංක වෙන්න උත්සාහ කරන කෙනා සිල්වත් කෙනෙක් බවට පත්වෙනවා. පිරිසිදු ජීවිතයක් අපි හිතාමතා ඇතිකර ගන්න ඕනෑ. එයා ඒක කරන්නේ අවංකකමත් එක්කයි.

සාමාන්‍යයෙන් අපි සංසාරේ දිගින් දිගටම එනකොට මේ හිතේ සකස්වෙලා තියෙනවා දෙබිඩි ස්වභාවයක්. දෙබිඩි ස්වභාවය කියන්නේ... උඩින් එකයි, යටින් එකයි, පැත්තකින් තව එකක්, අනික් පැත්තෙන් තව එකක්. අන්න ඒක තමයි දෙබිඩි ස්වභාවය කියන්නේ.

දෙබිඩි චරිත මරණින් මත්තේ සර්පයින් අතරට...

බුදුරජාණන් වහන්සේගේ දේශනාවක් තියෙනවා 'සංසප්පනී පරියාය' කියලා. බුදුරජාණන් වහන්සේ දේශනා කරනවා, "මහණෙනි, ඔබ දැකලා තියෙනවාද කැරකිලා, වකුටුවෙලා ඉන්න සර්පයින්ව? ඒ සර්පයින්ගේ දිව දෙකට බෙදිලයි තියෙන්නේ. ඒ අය මේ සංසාරයේ චරිත කීපයක් තිබ්බ්ච අයයි."

උඩින් එකයි, යටින් එකයි තියෙන ජීවිත මරණින් මත්තේ සර්පයින්ගේ ලෝකෙ උපදිනවා. බලන්න පොඩි සද්දයක් ඇහුණ ගමන් හැකරැල්ලෝ, පත්තෑයෝ, ගෝනුස්සෝ වගේ සත්තු කැරකිලා, වකුටු වෙනවා නේද? ඒ මිනිස් ලෝකේ ඉන්දෙද්දි දෙබිඩි චරිත තිබ්බ්ච අය.

බුදුරජාණන් වහන්සේ අපට මේවා හෙළිදරව් කරන කොට නුවණ තියෙන සත්පුරුෂ කෙනා තමන්ගේ ජීවිතේ අඩුවක් තියෙනවා නම් ඉක්මණට බලලා ඒ අඩුව හරිගස්ස ගන්නවා. තමන්ව ආරක්ෂා කරගන්නවා. අන්න ඒ විදිහටයි ජීවිතේ සිල්වත්කම හරිගස්ස ගන්නේ.

දුස්සීල අය ධර්මාවබෝධ කරලා නෑ...

මේ ධර්ම මාර්ගයේ දුස්සීල කෙනෙක් ධර්මය අවබෝධ කරලා නෑ. සිල්වත් අය තමයි ධර්මය අවබෝධ කරලා තියෙන්නේ.

අපි ගත්තොත් අංගුලිමාල විශාල මනුෂ්‍ය ඝාතනයකට සම්බන්ධ වුණා. පස්සේ කාලෙකදී එයා ඒ ඔක්කොම අත්හැරලා සිල්වත් වුණා. අංගුලිමාල තෙරුන් වහන්සේට තිබුණේ පුංචි සීලයක් නෙමෙයි.

අංගුලිමාල තෙරුන් වහන්සේ දවසක් පිණ්ඩපාතේ වැඩම කරලා එනකොට දැක්කා, පාර අයිනේ චූටි පැලක අම්මා කෙනෙක් ඉන්නවා බබෙක් හම්බවෙන්න. මේ අම්මා වේදනාවට විලාප දෙනවා. අංගුලිමාල තෙරුන් වහන්සේගේ හිත උණුවුණා. අංගුලිමාල තෙරුන් වහන්සේට කරන්න කිසිම දෙයක් නැහැ.

'ඔබ ගිහින් සත්‍යක්‍රියා කරන්න'...

බුදුරජාණන් වහන්සේට ළඟට ගිහිල්ලා කිව්වා, "ස්වාමීනි, මං පිණ්ඩපාතේ වඩිද්දි දරුවෙක් බිහිකරන්න විලාප දෙන අම්මා කෙනෙක්ව දැක්කා. අනේ අපට උපකාරයක් කරන්න විදිහක් නැනේ" කියලා.

එතකොට බුදුරජාණන් වහන්සේ වදාළා, "අංගුලිමාල, ඔබට උපකාරයක් කරන්න පුළුවන්. ඔබ

ගිහිල්ලා සත්‍යක්‍රියා කරන්න." එතකොට අංගුලිමාල තෙරුන් වහන්සේ ඇහුවා, "ස්වාමීනි, මම මොකද්ද කරන සත්‍යක්‍රියාව?" "අංගුලිමාල, ඔබ සත්‍යක්‍රියා කරන්න, මම දැන දැන සතෙක් මැරුවේ නෑ..." කියලා.

එතකොට අංගුලිමාල තෙරුන් වහන්සේ කියනවා, "අනේ ස්වාමීනි, මගේ මේ අත්දෙකේ කොයිතරම් ලේ තැවරුණාද? මම මිනිස්සුන්ට කොටනකොට මොනතරම් මගේ ඇඟට ලේ විසි වුණාද? මං කොහොමද ඒක කරන්නේ?"

බුදුරජාණන් වහන්සේ වදාළා, "නෑ අංගුලිමාල, ඔබ ආර්ය ජාතියේ ඉපදිච්ච දවසේ ඉඳලා දැන දැන ප්‍රාණියෙකුගේ ජීවිතයක් නැති කළේ නෑ නේද? ඒක සත්‍යයක් නේද?" කියලා ඇහුවා. ආර්ය ජාතියේ ඉපදුණ දවස කියන්නේ මාර්ගඵල ලැබූ දවසේ ඉඳලා. අංගුලිමාල තෙරුන් වහන්සේ කිව්වා, "ස්වාමීනි, ඒක ඇත්තක්." "එහෙනම් ඉතින් ගිහින් සත්‍යක්‍රියා කරන්න" කිව්වා.

සුවසේ දරුවා බිහිවුණා...

ඉතින් අංගුලිමාල තෙරුන් වහන්සේ ඒ මැණියන්ව හොයාගෙන ගියා. යනකොටත් ඒ අම්ම විලාප දෙනවා. අංගුලිමාල තෙරුන් වහන්සේ ඒ අම්මා ළඟ හිටගෙන කිව්වා,

(යතෝහං භගිනි අරියාය ජාතියා ජාතෝ) "නංගියේ මම ආර්ය ජාතියේ ඉපදිච්ච දවසේ ඉඳලා, **(සංචිච්ච පාණං ජීවිතා වෝරෝපේතා)** දැන දැන ප්‍රාණියෙකුගෙ ජීවිතයක් දුරුකළ බවක්, **(නාභිජානාමි)** දන්නේ නෑ. **(තේන සච්චේන)** මේක සත්‍යක්. එනිසා, **(සොත්ථි තේ**

හෝතු) මේ සත්‍යයෙන් ඔබ සුවපත් වෙලා, **(සොත්ථි ගබ්භස්සාති)** දරුවා සුවසේ බිහිවේවා!" කියලා කිව්වා විතරයි බබා ලැබුණා.

ඒ අංගුලිමාල තෙරුන් වහන්සේගේ සීලය අදටත් පිහිට වෙනවා. එතකොට බලන්න මේ ශ්‍රාවකයන්ගේ තියෙන සිල්වත්කම. නිවන් අවබෝධය පිණිස කොයිතරම් උපකාර වෙනවාද? ඒ නිසා බුදුරජාණන් වහන්සේගේ ධර්මය තුළ, නිවන් අවබෝධය පිණිස මෝරපු නැති ජීවිතය නිවන් අවබෝධය පිණිස මෝරන්න උපකාර වන දෙවන කාරණය තමයි සිල්වත් බව.

නිතරම දස කථා අහන්න ලැබෙන්න ඕන...

නිවන් අවබෝධය පිණිස මෝරපු නැති ජීවිතේ නිවන් අවබෝධය පිණිස මෝරන්න හේතුවන තුන්වෙනි කාරණය තමයි, ඒ කෙනාට නිතරම දස කථා අහන්න ලැබෙන්න ඕනෑ. නමුත් අපට නිතරම හම්බ වෙන්නේ මොන කථාද? දෙතිස් කථා. දෙතිස් කථාවල තියෙන්නේ රජවරු ගැන, ඇමතිවරු ගැන, රට රටවල් ගැන, මුහුදු ගැන, නළු නිළියන් ගැන, ක්‍රීඩකයන් ගැන, ක්‍රීඩිකාවන් ගැන, කෑම් බීම් හදන හැටි ගැන, ඇඳුම් මෝස්තර ගැන, හොල්මන් කථා.... මේවා කොයි ලෝකෙ ගියත් හැමතැනම තියෙන කතා. කොහේ ගියත් අහන්න අඩුවක් නැතිව හම්බවෙනවා. මොන කථාද? දෙතිස් කථා.

නමුත් බුදුරජාණන් වහන්සේ වදාළේ මේවා තමයි අහන්න ලැබෙන්න ඕන කථා කියලා. මොන කථාද? දස කථා. **(අප්පිච්ඡ කථා)** අල්පේච්ඡ ජීවිතය ගැන කථා. ඒක අපට අහන්න ලැබෙන්න ඕනෑ.

අවුරුද්ද ආවා. හතර වටේට ණය වුණා. කෑවා, බිව්වා ඉවරයි...

මේ කාලේ අල්පේච්ඡ බව ගැන කථා අහන්න ලැබෙන්නේ නෑ. 'දැන් ඇති, දැන් උඹලට ඇති' කියලා අහන්න හම්බ වෙනවාද? නෑ. අලුත් කෑම උයනවා. 'මේක කාපන්, මේක කාපන්... මේක ඇඳපන්, මේක ඇඟේ ගා ගනින්...' මේවා නේද නිතරම ඇහෙන්නේ? එතකොට අල්පේච්ඡ බවක් ද ඇතිවෙන්නේ? නෑ. අවශ්‍යතා අවුස්සලා දානවා.

දැක්කනේ අවුරුදු කාලේ මිනිස්සුන්ට වෙච්ච දේ. රෑකඩ වගේ අවුස්සලා දාලා. අල්පේච්ඡකම මොකවත් නෑ. සිලි සිලි බෑග් අරගෙන පාර දිගේ දුවනවා. දැන් කෝ? ණය වුණා. කෑවා බිව්වා. අච්චාරු හැදුවා. ඔක්කොම ඉවරයි. මේක නේද අවුරුද්ද කියන්නේ?

බලන්න සාරිපුත්ත හාමුදුරුවන්ගේ අල්පේච්ඡකම...

අල්පේච්ඡකම කියන්නේ ලැබිච්ච දේකින් සතුටු වෙන එක. බලන්න සාරිපුත්ත හාමුදුරුවන්ගේ ථේර ගාථාවල කියනවා අල්පේච්ඡ ජීවිතය ගැන. හරිම පුදුමයි.

සැරියුත් හාමුදුරුවෝ කියනවා, "තෙත දෙයක් වුණත් කමක් නැහැ. වේලිච්ච දෙයක් වුණත් කමක් නැහැ. කුසට යම් ප්‍රමාණයකට තිබුණොත් ඒ ඇති. බත් කටවල් හතරක් පහක් ඉතුරු කරගෙන දානය වළඳන්න ඕනෑ. ඉතුරු හරියට පැන් වළඳන්න ඕනෑ. භාවනා කරන්න වාඩිවුණාම එතැන තෙමෙන්නෙ නැත්නම්, නිවන් මගේ ගමන් කරන කෙනෙකුට ඒක හොඳටම ඇති." බලන්න සැරියුත් හාමුදුරුවෝ තුළ තිබිච්ච අල්පේච්ඡකම.

බුදුරජාණන් වහන්සේගේ ශ්‍රාවකයො නිවන් මගේ යනකොට අල්පේච්ඡකම තියෙන්නම ඕන. කාමයන් ඇවිස්සිච්ච ලෝකයට පේනවා ඇති, ඒක මහ විපතක් හැටියට. නමුත් ඒ අල්පේච්ඡ ජීවිතය තමයි නිවන් මග.

ලද දෙයින් සතුටු වීම තියෙන්න ඕන...

බුදුරජාණන් වහන්සේගේ ධර්මය පටිසෝතගාමී. රැල්ලට එරෙහිව යන එකක්. අල්පේච්ඡ බව ගැන කතා කරනවා. **(අප්පිච්ඡ කථා)** ඒවා තමයි අහන්න ලැබෙන්න ඕනෑ. ඊළඟට **(සන්තුට්ඨී කථා)** ලද දෙයින් සතුටුවීම ගැන කථා.

මේවා තමයි ඉස්සර ස්වාමීන් වහන්සේලා අනුරාධපුරයේදී දේශනා කළේ. මේවා අහන්න තිස්සමහාරාමේ ඉඳලා පයින් එනවා. ඒවා තමයි 'අරියවංස දේශනා' කියන්නේ.

(සන්තුට්ඨෝ හෝති ඉතරීතරේන චීවරේන) ලැබිච්ච සිවුරකින් සතුටු වෙනවා. **(සන්තුට්ඨෝ හෝති ඉතරීතරේන පිණ්ඩපාතේන)** ලැබිච්ච පිණ්ඩපාතයකින් සතුටු වෙනවා. **(සන්තුට්ඨෝ හෝති ඉතරීතරේන සේනාසනේන)** ලැබිච්ච කුටියකින් සතුටු වෙනවා. **(භාවනාරාමතා)** භාවනාවේ ඇලී වාසය කරනවා.

මෙන්න මේවා ගැන තමයි ඉස්සර ස්වාමීන් වහන්සේලාට අහන්න ලැබුණේ. අන්න ලද දෙයින් සතුටු වෙනවා. ලද දෙයින් සතුටු වීම කියන එක නිවන් මග ගමන් කරන කෙනෙකුට උපකාර වෙන දෙයක්. ඊළඟට **(පවිවේක කථා)** හුදෙකලා වාසයේ සිටීම ගැන කතා බස් කරන්න ඕනෑ. ඒක අගය කරන්න ඕනෑ. දැන් බලන්න මේ ලෝකෙ තියෙන්නේ මේකේ අනිත් පැත්ත. හුදෙකලා

වාසයට කැමති නෑ. 'අනේ පාළුයි, තනියි, සාංකාව වගේ' ඒ මොකද ඒ? තනියම ඉන්න බෑ. හුදෙකලා වාසය දන්නේ නෑ.

කාන්තාවන් පවා කැළේ ඇතුළට ගිහින් භාවනා කළා...

නිවන් මගේ ගමන්කරන කෙනා තනියම ඉන්න පුරුදු වෙන්න ඕන. හුදෙකලා වාසයට පුරුදු වෙන්න ඕන. හුදෙකලා ජීවිතේ ගැන ථේරි ගාථාවල තියෙනවා. දවසක් උප්පලවණ්ණා රහත් මෙහෙණිය කැළේ ඇතුළට ගිහින් භාවනා කළා. භාවනා කළේ සල්මල් පිපිච්ච සල් ගහක් යට. මාරයා එතැනට ආවා. මාරයා එතැනට ඇවිත් කියනවා, "ඒයි මෝඩ කාන්තාව, ඔය මල් පිපිච්ච සල් ගසක් යට තනියම ඉන්න, ඔබට සල්ලාලයින්ගෙන් බයක් නැද්ද?" එතකොට උප්පලවණ්ණා භික්ෂුණිය මාරයාට කියනවා, "ඒයි මාරය, එක සල්ලාලයෙක් නොවෙයි. සල්ලාලයින් දාහක් ආවත් මගේ මේ ශරීරයේ එක ලොම් ගහක් හොලවන්න බැහැ. ඒයි මාරය, මට පුළුවන් උඹේ බඩ ඇතුළට රිංගන්න. මට පුළුවනි උඹේ ඇහිබැම මැද්දේ හිටගෙන ඉන්න." එතකොට මාරයා අතුරුදන් වුණා. බලන්න එතකොට ඒ කාලේ ස්වාමීන් වහන්සේලා ගැන කවර කථාද? කාන්තාවනුත් කැළේ තනියම භාවනා කළා.

තනියම ඉන්න පුරුදු වෙන්න ඕන...

ගෙදරක වුණත් පුළුවන් හුදෙකලාව තනියම ඉන්න. ඒක තමන් පුරුදු වෙන්න ඕනෑ. නැත්නම් හුදෙකලාවේ ඉන්න බෑ. සමහරු තනියම ඉන්නකොට මොකද කරන්නේ? එක්කො කාටහරි ටෙලිෆෝන්

කරනවා, 'අනේ මට පාළුයි. මෙහේ අද කවුරුත් නෑ. ගමේ ගිහිල්ලා කට්ටියම' කියලා. ඒ මොකද? තනියම ඉන්න පුළුවන්කමක් නැහැ.

තනියම බණ භාවනාවක් කරගෙන හුදෙකලා ජීවිතයෙන් සතුටුවෙන්න ඕනෑ. නිවන් මගේ ගමන් කරන කෙනෙකුට ඒක උපකාරක ධර්මයක්.

පිරිස මැද්දේ ඉඳගෙන, පිරිසෙන් වෙන්වෙලා ඉන්න පුළුවන්...

ඊළඟ එක තමයි **(අසංසග්ග කථා)** පිරිසෙන් වෙන් වී සිටීම. පිරිසෙන් වෙන්වෙලා ඉන්නේ කොහොමද? අපි හිතමු මෙතන දාහක් ඉන්නවා කියලා. ඒ ඔක්කොම මැද්දේ එක්කෙනෙක් තනියම සතිපට්ඨානය වඩනවා. අන්න එයා පිරිසෙන් වෙන්වෙලා ඉන්න කෙනෙක්. අන්න ඒකයි පිරිසෙන් වෙන් වෙනවා කියන්නේ. මේ ඔක්කොම මැද්දේ එයා තමන්ගේ සිහිය පිහිටුවනවා ඉරියව් ගැන, තමන්ගේ සිත ගැන, තමන්ගේ විඳීම් ගැන, එයා පංච උපාදානස්කන්ධය ගැනම නුවණින් විමස විමසා ඉන්නවා නම් එයා පිරිස මැද්දෙ හරි පිරිසෙන් වෙන්වෙලා ඉන්න කෙනෙක්.

වීරිය තියෙන කෙනා තමයි දියුණුවක් කරා යන්නේ...

ඊළඟට **(විරියාරම්භ කථා)** වීරිය ඇති කරගන්න කරන කථා. වීරිය ඇති කරගන්න ඕනෑ. මේ ධර්ම මාර්ගය දියුණු කරලා තියෙන්නේ වීරිය දියුණු කරපු අයමයි. වීරිය නිකන් දියුණු කරන්න බෑ. වීරිය දියුණු කරන්න නම් නිතර නිතර මරණසතිය සිහිකරන්න ඕන,

'කොයිවෙලාවේ මැරෙයිද දන්නේ නෑ. කොයිවෙලාවේ ලෙඩ වෙයිද දන්නේ නෑ' කියලා. මේ කාලේ පැතිරිලා යනවා 'සාස්' කියලා නිව්මෝනියාව වගේ එකක්. බැරි වෙලාවත් අපට ඒක හැදෙන්න බැරිද? පුළුවන් නෙ. ඒක නිකම් ළඟ ඉඳලා කථා බස් කළත් බෝවෙන්න පුළුවන් ලෙඩක්. බැරිවෙලාවත් මෙහෙටත් ආවොත් මොකද කරන්නේ? ධර්මය විතරයි පිහිටට තියෙන්නේ. මේ වගේ දුප්පත් රටකට බෝ වුණොත් ගොඩකට බේරෙන්න හම්බවෙන්නේ නෑ. මිනිස්සු දහස් ගණන් මැරිලා ඉවර වෙයි. ඒක නිසා නුවණ පිහිටුවාගන්න ඕන, 'මේ ජීවිතයට කොයිවෙලාවේ, කොයි ආකාරයෙන්, කුමන අනතුරක් වෙයිද දන්නේ නෑ' කියලා. ඒ නිසා හොඳට වීරිය ඇති කරගන්න ඕන, ආයේ මේ සංසාරෙට එන්නේ නැති විදිහට. 'මම නං මේ සතර අපායේ වැටි වැටී යන සසර ගමන සකස් වෙන්නේ නැති විදිහට යථාර්ථය අවබෝධ කරගන්නවා' කියලා.

කොහොමහරි නුවණ පදාගත්තොත්...

ඊළඟට තියෙන්නේ සීල කථා, සමාධි කථා, ප්‍රඥා කථා, විමුත්ති කථා, විමුත්ති ඤාණ දර්ශන කථා. මෙන්න මේ කථා දහයට තමයි කියන්නේ 'දස කථා' කියලා. මේ දේවල් ජීවිතයට අහන්න ලැබෙන්න ඕන. මේ ධර්මය ඇහෙනකොට තමයි එයා ජීවිතේ ගැන කතා කරන්න, හිතන්න පටන් ගන්නේ.

නමුත් අපට මේක තේරෙන්නේ නැත්තේ පංචනීවරණවලින් යටපත් වෙලා, අවිද්‍යා සහගතව දුර ගමනක් ආපු නිසයි. නමුත් මේ වෙලාවේ කොහොමහරි නුවණ පාදා ගත්තොත්, ජීවිත අවබෝධයක් ඇති කරගන්න පුළුවන්කම තියෙනවා.

අපි සංසාරෙට වැටුණේ අපේම දුර්වලකම නිසයි...

හතරවෙනි කරුණ තමයි (ආරද්ධ විරිය) පටන් ගත් වීරිය. (අකුසලානං ධම්මානං පහානාය) අකුසල් ප්‍රහාණය කිරීමට. හොඳට මතක තියාගන්න, අපි නොමග ගියේ අපේ දුර්වලකම නිසයි. මේ සංසාරෙට වැටිලා, අකුසල් රැස්කරගෙන තියෙන්නේ කවුරුත් නිසා නෙවෙයි. තමන්ගේම හිතේ ඇතිවෙච්ච දුර්වලකම් නිසයි. අපි මේ අමාරුවේ වැටිලා ඉන්නේ වෙන කාරණයක් නිසා නෙමෙයි. අපි නුවණ ඇති කරගන්න ඕන අන්න ඒ නිසයි.

අකුසල් හිතේ හටගන්න කොටම ප්‍රහාණය කරන්න ඕන...

ඔන්න අපට ඇතිවෙනවා ඉරිසියාවක්. හිතට ඉරිසියාවක් ආපු ගමන් අපි කරන්න ඕන මොකක්ද? ඒ ඉරිසියාව හඳුනාගන්න ඕන. මේවා හටගත්තට පස්සේ සද්ද නැතුව හිටියොත් හිතේ පැළවෙනවා. පැළවෙලා ඊට පස්සේ සිතින් ඒ ගැන හිතනවා. වචනෙන් කියනවා. කයින් ක්‍රියා කරනවා. මේ විදිහට අපි දන්නෙම නැතුව අකුසල් සිද්ධ වෙනවා.

මේ නිසා හිතේ අකුසල් හටගත්තු ගමන් ප්‍රහාණය කරන්න ඕනෑ. සිහිය නැතුව අකුසල් ප්‍රහාණය කරන්න පුළුවන්ද? සිහිය තියෙන්නම ඕන. සිහියෙන් යුක්තව මේ හිතේ ඇතිවෙච්ච අකුසල ධර්මයන් ප්‍රහාණය කරන්න මහන්සි ගන්න ඕනෑ. ඒ කියන්නේ ඉරිසියාව, ක්‍රෝධය, වෛරය, පළිගැනීම, අනුන්ගේ දේට ආශා කිරීම... මේ

ඔක්කොම අත්හරින්න අපි සූදානම් වෙන්න ඕන. අකුසල ධර්ම සම්පූර්ණයෙන්ම බැහැර කරන්න ඕන.

කොච්චර හොඳ වුණත් වැඩක් නෑ, අහංකාරනම්...

කුසල ධර්මයන් උපදවා ගැනීම තමයි අපි කරන්න ඕන. කුසල ධර්මයන් උපදවාගන්න තියෙන ලේසිම ක්‍රමයක් තමයි නිහතමානී වෙන එක. එතකොට කුසල ධර්මයන් බලාගෙන ඉන්නකොට දියුණු වෙනවා. අහංකාරකමත් එක්ක කුසල ධර්ම දියුණු කරගන්න අමාරුයි. කොච්චර හොඳ කෙනෙක් වුණත්, එයාට අහංකාරකම තිබුණොත් ධර්ම මාර්ගය දියුණු කරගන්න අමාරුයි. කුසල ධර්ම දියුණු කරගන්න තියෙන ලේසිම ක්‍රමය තමයි නිහතමානී වෙන එක. හොඳට නිහතමානී වෙලා, කාටත් උදව් උපකාර කරමින්, හිනාවෙලා කතාබස් කරලා බොහෝම ලේසියෙන් මේ ධර්ම මාර්ගයේ යන්න පුළුවන්.

ඒ නිසා මේ නිහතමානීකම කියන එක පුරුදු කරගන්න ඕන එකක්. නමුත් හිතේ ස්වභාවය තමයි අහංකාරකම එන එක. එතකොට අපි දැනගන්න ඕන 'අහංකාර වෙලා වැඩක් නැහැ' කියලා.

අහංකාර වෙන්නේ අහිමි වෙලා යන කරුණු තුනකට නේ...

කෙනෙක් අහංකාර වෙන්න පුළුවන් ආරෝග්‍ය මදයට. ආරෝග්‍ය මදය කියන්නේ 'අපට නම් ලෙඩක් නෑ' කියලා, ඒකට අහංකාර වෙන එකට. එක්කෝ යෞවන

මදයට අහංකාර වෙනවා. 'මම පෙනුමට ඉන්නවා' කියලා ඔන්න අහංකාර වෙනවා. එක්කෝ අහංකාර වෙනවා ජීවිත මදයට. 'තමන්ට කාලයක් ඉන්න පුළුවන්' කියලා හිතාගෙන. නමුත් අපට මේ තුනම අහිමි වෙලා යන තුනක්. ඒ නිසා නිහතමානීව හිටියොත් පමණයි මේ ධර්ම මාර්ගයේ ඉක්මන් ප්‍රතිඵල ලබන්න පුළුවන් වෙන්නේ.

ධර්මයේ නොහැසිරෙන ධර්ම ඤාණය කුමකටද...?

මේකෙදි දැඩි වීර්යයක් ඇති කරගෙන කුසල ධර්ම දියුණු කරගන්න අපි උත්සාහ ගන්න ඕන. අපි හිතමු කෙනෙකුට සමාධියක් ඇතිවෙන්නේ නෑ කියලා. සමාධියක් ඇතිවෙන්නෙ නැතිකෙනා ඉක්මණට ඉක්මණට කළ යුත්තේ මොකද්ද? සිහිය පිහිටුවා ගන්න ඕන, 'අනේ මට අසවල් දවසේ සමාධියක් ලැබුණා. දැන් ඒක නෑ.' එක්කෝ හිතනවා, 'මම මේ කරදර ඔක්කොම ඉවර වෙලා අසවල් දවසේ සමාධියක් ඇති කරගන්නවා' කියලා. එහෙම නෙමෙයි කරන්න තියෙන්නේ. සමාධියක් ඇති කරගන්න කැමතිකෙනා ඉක්මණට තමන්ගේ ඉරියව් කෙරෙහි සිහිය පිහිටුවාගන්න ඕනෑ. හිතට හැම වෙලාවෙම පණිවිඩයක් දීලා තියෙන්න ඕන 'මම සිහියෙන් ඉන්නවා' කියලා. එහෙම පුරුදු කරනකොට අපට පුළුවන් වෙනවා වෙනදාට වඩා සිහිය උපදවාගන්න. අන්න ඒ විදිහට වීරිය දියුණු කරගෙන යනකොට, එයා ඉක්මණට ඉක්මණට ධර්මඤාණය ඇති කරගන්න ඕනෑ. හොඳට ධර්මය අහලා, කියවලා ධර්ම ඤාණය නිරවුල් කරගන්න ඕන. ඊට පස්සේ පුළුවන් තරම් ධර්මයේ හැසිරෙන්න ඕන. කොච්චර ධර්ම ඤාණයක් තිබුණත් වැඩක් නැහැ ධර්මයේ හැසිරෙන්න

බැරිනම්. පුළුවන්තරම් උත්සාහ කරන්න ඕන ධර්මයේ හැසිරෙන්නමයි. ඒක තමා හතරවන කාරණය.

ආර්ය වූ කළකිරීමෙන් යුතු ප්‍රඥාවයි ලැබෙන්න ඕන...

පස්වෙනි කාරණය තමයි ප්‍රඥාව. මේ කියන්නේ ආර්ය වූ කළකිරීමෙන් ඇතිවන ප්‍රඥාවක් ගැන. (**අරියාය නිබ්බේධිකාය සම්මා දුක්ඛක්ඛයගාමිනියා**) අන්න අපට නැති ප්‍රඥාව. මොකක්ද ඒ? ආර්ය වූ කළකිරීම ඇති කරවන ප්‍රඥාව. ඒ කළකිරීම ඇතිවුණොත් බ්‍රහ්ම ලෝකෙ ගියත් එයා කළකිරෙනවා. දිව්‍ය ලෝකෙ ගියත් එයා කළකිරෙනවා. ඒ ප්‍රඥාව තුළින් එයා අනිත්‍ය දේ අනිත්‍ය හැටියට තේරුම් ගන්නවා. දුක් දේ දුක් හැටියට, අනාත්ම දේ අනාත්ම දේ හැටියට තේරුම් ගන්නවා. අන්න ඒක තමයි කළකිරීමෙන් යුක්ත ප්‍රඥාව කියන්නේ.

සාමාන්‍ය ජීවිත තුළ ඇතිවන කළකිරීම ප්‍රඥාවට මුල්වෙන්නේ නෑ...

සාමාන්‍ය ජීවිතය තුළත් කළකිරීම් ඇතිවෙනවා. එක එක ප්‍රශ්න ඇතිවෙන කොට, ගැටළුවලට මුහුණ දෙන්න සිද්ධ වෙන කොට, බලාපොරොත්තු නැති විදිහට කඩාවැටෙන අවස්ථාවල අපට යම් කළකිරීමක් ඇතිවෙනවා. ඒ කළකිරීම ගැන නෙමෙයි මේ කියන්නේ. එහෙනම් 'කළකිරීම' කියලා කියන්නේ මොකක්ද? අවබෝධයෙන් යුතුව ඇතිවන කළකිරීමයි. බඹලොව ගියත් ඒ අවබෝධය එයාට තියෙනවා. දිව්‍ය ලෝකෙ ගියත් ඒ අවබෝධය එයාට තියෙනවා. අන්න එයා නුවණින් යුතුව කළකිරෙනවා.

නුවණ තියෙන කෙනා කොහේ හිටියත් ධර්මය අල්ලනවා...

නුවණින් කල්පනා කරන කෙනා කොහේ හිටියත් ධර්මය තේරුම් ගන්නවා. ඒ කෙනා ධර්මය අහන්නේ ප්‍රඥාව දියුණු කරගන්න. ඔන්න දවසක් ඕස්ට්‍රේලියාවේ ඉඳලා නෝනලා දෙන්නෙක් ආවා. පොත්පත් ගොඩක් අරගෙන ගියා. මම එවෙලේ හිටියේ නෑ. ගමනක් ගිහින් එන්න රෑ වුණා. ඒ අය ගිහිල්ලා ආයෙමත් කෝල් කරලා මම ඉන්න වෙලේ ආවා. ඇවිල්ල මට කියනවා, "අනේ ස්වාමීන් වහන්ස, කොහේ හිටියත් වැඩක් නැහැ මේ සංසාරෙමයිනෙ. කොහේ හිටියත් කොයි සැප වින්දත් මේකෙන් එතෙර වෙන්නයි ඕන" කියනවා. අන්න බලන්න... ඒ කෙනාට නියම කළකිරීමට පැමිණෙන්න බැරිද? පුළුවන්.

සූර්යයා මීන රාශියෙන් මේෂ රාශියට ගියොත් ඔක්කොම හරි...

මම ඒ අයට කිව්වා, "එහෙම හිතන්න එපා. ඔයගොල්ලන්ට ඒ රටවල හොඳට කෑම බීම තියෙනවා. ඉඳුම් හිටුම් තියෙනවා. හොඳට පහසුකම් තියෙනවා නේද?" කියලා. වැඩිපුරම ධර්මය ඕන කරන්නේ ඒ රටේ මිනිසුන්ට වඩා මේ රටේ මිනිසුන්ටයි. ඇයි මේ රටේ මිනිස්සුන්ට හරියට කිසි දෙයක් නෑ. සූර්යයා මීන රාශියෙන් මේෂ රාශියට ගියොත් තමයි ඉතින්. නැත්නම් මොකවත් නෑ. ඉතින් ඒ අය ඊට පස්සේ කියනවා, "අනේ ස්වාමීන් වහන්ස, කොහොමහරි ප්‍රඥාව දියුණු කරගන්න ඕනෑ" කියලා. ඒ අය පුදුම මහන්සියක් ගන්නවා ඒ සඳහා.

ඒ සීතල රටේ පාන්දර හතරට නැගිටලා හය වෙනකම් ඒ අය භාවනා කරනවා. ඒ නිසා අපිත් කොහොමහරි මේ කම්මැලිකමෙන් අත්මිදිලා ප්‍රඥාව ඇති කරගන්න ඕන.

ප්‍රඥාව ඇතිවෙන්න නම් තමන් තුළින්ම අනිත්‍ය දකින්න ඕන...

ආර්ය සත්‍ය අවබෝධය ඇතිවන ආකාරයට ප්‍රඥාව ඇති කරගන්න ඕන. ආර්ය සත්‍ය අවබෝධය ඇතිවන ආකාරයට ප්‍රඥාව ඇති කරගන්න නම්, තමන්ගේ ජීවිතය තුළින්ම අනිත්‍ය දේ අනිත්‍ය දේ හැටියට බලන්නම ඕන. 'මේ තියෙන්නේ හේතුඵල දහමක ක්‍රියාකාරීත්වයක්' කියලා දකින්නම ඕනෑ. සතර මහා ධාතුන්ගෙන් හටගත්තු දේ කෙරෙහි කළකිරෙන්නම ඕනෑ. ස්පර්ශයෙන් හටගත්තු වේදනාව ගැන කළකිරෙන්නම ඕනෑ. ස්පර්ශයෙන් හටගත්තු සංඥාව ගැන, සංඛාර ගැන, නාමරූප නිසා හටගත්තු විඤ්ඤාණය ගැන කළකිරෙන්නම ඕනෑ. ඒ කියන්නේ පංච උපාදානස්කන්ධය ගැන අවබෝධයෙන් කළකිරෙන්නම ඕන. මේ විදිහට අවබෝධයෙන් යුතුව කළකිරීමේ ඤාණයක් ඇතිවුණාම එයා කරුණු පහකින් සමන්විතයි. අන්න එයාගේ ජීවිතේ විමුක්තිය පිණිස මෝරන්න පටන් ගන්නවා.

කල්‍යාණමිත්‍ර ආශ්‍රය නිසයි මේ හැමදේම...

එහෙනම් විමුක්තිය පිණිස මෝරන්න පටන් ගන්න ජීවිතයක් තුළ සමන්විත වෙච්ච ඒ කරුණු පහ තමයි,

1. කල්‍යාණ මිත්‍ර ආශ්‍රය
2. සිල්වත්කම
3. දස කථා නිතරම අසන්නට ලැබීම

4. පටන් ගත් වීර්ය ඇති බව
5. ප්‍රඥාව

මෙන්න මේ කරුණු පහෙන් සමන්විත කෙනා පිළිබඳව බුදුරජාණන් වහන්සේ වදාළා,

"පින්වත් මේඝිය, කල්‍යාණ මිත්‍රයන් ඇති කෙනා, කල්‍යාණමිත්‍ර සම්පත් තියෙන කෙනා සිල්වත් වීමට කැමති විය යුතුයි." එහෙම නම් කෙනෙකුට සිල්වත් වෙන්න තියෙන හොඳම උපකාරක දේ තමයි කල්‍යාණමිත්‍ර ඇසුර.

ඊළඟට බුදුරජාණන් වහන්සේ වදාළා, "කල්‍යාණ මිත්‍රයන් ඇති කෙනා දස කථාවට කැමති විය යුතුයි" කියලා. ඒ කියන්නේ අල්පේච්ඡ කථා, සන්තුට්ඨි කථා, පවිවේක කථා, අසංසග්ග කථා, විරියාරම්භ කථා, සීල කථා, සමාධි කථා, ප්‍රඥා කථා, විමුක්ති කථා, විමුක්ති ඥානදර්ශන කථා ලැබෙන්නේ කල්‍යාණ මිත්‍ර සම්පත් තියෙන කෙනාටයි.

කල්‍යාණ මිත්‍රයන් ඉන්න කෙනයි වීරියවන්ත වෙන්නේ. ප්‍රඥාව ඇති කරගන්නේ...

කල්‍යාණමිත්‍රයන් ඉන්නවා නම් එයා වීරියවන්තයෙක් බවට පත්වෙනවා. එහෙම නම් කෙනෙක් වීර්යවන්තයෙක් බවට පත්වෙන්නේ කුමක් නිසාද? කල්‍යාණමිත්‍ර සම්පත් ලැබෙන නිසා. මොකද එයා කල්‍යාණමිත්‍ර ආශ්‍රයෙන් ධර්මය අහනවා. ඒ අහන ධර්මය පුරුදු කරනවා. එතකොට හිතෙනවා 'මටත් නිදිමරාගෙන වීරිය ඇති කරගන්න ඕන. බාහිර දේවල් වලට පැටලි පැටලි ඉන්නේ නැතිව කොහොමහරි දුකෙන් නිදහස් වෙන්න ඕන' කියලා වීරිය ඇති කරගන්නවා.

ඊළඟට, කල්‍යාණ මිත්‍රයන් ඇතිකෙනා ප්‍රඥාවන්ත කෙනෙක් වෙනවා. එතකොට මේ ඔක්කොම තියෙන්නේ කවුරු නිසාද? කල්‍යාණමිත්‍ර ආශ්‍රය නිසා. ප්‍රඥාව ලැබෙන්නෙත් කල්‍යාණමිත්‍ර ආශ්‍රයෙන්මයි.

කරුණු පහක් මත පිහිටලා හතරක් දියුණු කරන්න ඕනෑ...

ඊළඟට බුදුරජාණන් වහන්සේ වදාළා, "පින්වත් මේඝිය, ඔන්න ඔය කරුණු පහ මත පිහිටලා, මේ කරුණු හතර දියුණු කරගන්න ඕන.' එහෙනම් අර කලින් කියපු කරුණු පහ තුළ පිහිටලා, මේ කරුණු හතර දියුණු කරගන්න ඕනෑ.

ඉස්සරවෙලාම තමන් අර කරුණු පහ හරිගස්ස ගන්න ඕනෑ. ඒ කියන්නේ කල්‍යාණ මිත්‍රයන් ඇති බව, සිල්වත් බව, දස කථාවලින් යුක්ත බව, වීරිය ඇති බව, ප්‍රඥාව කියන මේවා ඇති කරගෙන, තමන් ඒවා තුළ පිහිටලා තවදුරටත් මේ කරුණු දියුණු කරගන්න කියනවා.

රාගය ප්‍රහාණය වුණොත් ගිහි ජීවිත අවුල් වෙනවාලු...

රාගය ප්‍රහාණය කිරීම පිණිස අසුභය වැඩිය යුතුයි. **(අසුභා භාවේතබ්බා රාගස්ස පහානාය)** සමහරු කියනවා, 'අසුභ භාවනාව උගන්වලා, ගිහි ජීවිත ගත කරන අයව අපි නරක් කරනවා' කියලා. එතකොට එයාලට ජීවිතේ එපා වෙනවලු. ඒකේ තේරුම මොකද්ද? ඒ කියන්නේ ගිහි ජීවිතේ ගත කරන්න රාගය ඕන කියන එක.

බුදුරජාණන් වහන්සේගේ ධර්මයේ තියෙන්නේ රාගය කුසලයක් කියලද? අකුසලයක් කියලද? ද්වේෂය

කුසලයක්ද? අකුසලයක්ද? මෝහය කුසලයක්ද? අකුසලයක්ද? මේවා ඔක්කොම අකුසල්.

මේ සංසාරේ ඉපදි ඉපදි ආවේ රාග, ද්වේෂ, මෝහ නිසයි...

ඔබට මතක ඇති තයෝධම්ම සූත්‍රය. ඒකේ තියෙනවා "මහණෙනි, ජාති-ජරා-මරණ කියන මේ තුන ප්‍රහාණය කරන්න බෑ රාග, ද්වේෂ, මෝහ ප්‍රහාණය කරන්නේ නැතුව.

එහෙම නම් අපි මෙච්චරකල් ජාති-ජරා-මරණ වලට පැටලි පැටලි ආවේ මොකක් නිසාද? රාග, ද්වේෂ, මෝහ නිසා. ඒවායින් අපට වෙච්ච යහපතක් නෑ, තවතවත් අපේ හිත ඇවිස්සුණා මිසක්, අකුසල කර්ම රැස් වුණා මිසක්, නපුරු දේවල් හිතේ ඇතිවුණා මිසක්, මුලා වුණා මිසක්, වෙන මොකද්ද සිද්ධ වුණේ? එච්චරනේ අපට වුණේ මේ රාග, ද්වේෂ, මෝහ හිතක පහළවීම නිසා.

සාමාන්‍ය සත්වයා චතුරාර්ය සත්‍ය කරා ගිහින් නැත්නම්, සක්කාය දිට්ඨිය ප්‍රහාණය කරලා නැත්නම්, රාගය හටගන්නකොට රාගය හටගන්නේ කොහොමද කියලා දන්නේ නැහැ. ද්වේෂය හටගන්න කොට ද්වේෂය හටගන්නේ කොහොමද කියලා දන්නේ නෑ. මෝහය හටගන්නේ කොහොමද කියලා දන්නේ නෑ. හිත ඇවිස්සෙන ස්වභාවයෙන් තමයි ඉන්නේ.

සිහියෙන් තොරව පාරේ ගියොත් රාග, ද්වේෂ, මෝහ ඇවිස්සෙනවා...

ඔන්න රාග, ද්වේෂ, මෝහ ඇවිස්සෙන ස්වභාවයෙන් ඉන්න කෙනෙක් පාරේ යනවා. පාරේ යනකොට හන්දියක බෝඩ් එකක් ගහලා තියෙනවා.

බැලුවා, 'වැඩිහිටියන්ට පමණයි.' ඔන්න දැක්කා පින්තූරේ. ඒ පින්තූරෙන් ඉලක්ක කරන්නේ මොකද්ද? පාරේ යන එන අහිංසක මනුස්සයන්ගේ රාගය අවුස්සන එකනේ. එතකොට ඒක මිනිස්සුන්ට හිතසුව පිණිස හේතුවෙනවද? නෑ.

ධර්ම මාර්ගය වඩන කෙනෙක් නම් ඒ පින්තූරේ දැකලා රාගයක් ඇතිවෙනකොට එයා දන්නවා 'මට රාග සිතක් පහල වුණා, මේක ඇතිවුනේ මේ විදිහටයි. මේ විදිහටයි' කියලා එයා ඒක ප්‍රහාණය කරනවා.

සාමාන්‍ය මනුෂ්‍යයින් දන්නේ නෑ ඒක. එයා මොකද කරන්නේ? එයා ඒක බලනවා. ඔන්න රාගය ඇවිස්සෙනවා. එයා මොකුත් දන්නේ නෑ. ඊට පස්සේ හරියට මාළුවෙකුට බිලී කොක්කක් දැම්මා වගේ. මාළුවෙක් ඇමකට අහුවුණා වගේ. ඊට පස්සේ අර අහිංසක මනුස්සයා රාගය ඇවිස්සිලා ඔන්න යනවා චිත්‍රපටි හෝල් එකට. ඒක බලනකොට එයාගේ රාගය ඇවිස්සෙනවාද? සංසිඳෙනවාද? තවත් ඇවිස්සෙනවා. තව තව අසහනයටම පත්වෙනවා.

රඟපාන නළු-නිළියන් ඔක්කොම නිරයේ තමයි...

මනුස්සයෙකුගේ හිතේ තියෙන රාගය මේ විදිහට අවුස්සන එක බරපතල හානියක්. ඒක මනුෂ්‍ය වර්ගයාටම කරන බරපතල විපතක්.

මේ විදිහට කරලා නළුවෙක් හෝ නිළියක් මේ විදිහට කල්පනා කළොත් 'මේක බොහෝම සම්භාවනීය වැඩක්. මේක තමයි යථාර්ථය. මම මේ කරන්නේ

යථාර්ථවාදී වැඩක්' කියලා, ඒක එයාගේ මිථ්‍යා දෘෂ්ටිය. එහෙමනම් ඒ නළු නිළියන් මරණින් මත්තේ ගිහින් උපදින්නේ කොහේද? නිරයේ. ඔන්න මනුෂ්‍ය ජීවිතේ ලැබිලා නිරයේ උපතක් කරා යන හැටි. නළු නිළියෝ අපි එක්ක තරහ වුණාට කමක් නැහැ. ඕක තමයි ඇත්ත තත්වය. ඔය ගැන බුද්ධ දේශනාවේ තියෙනවා.

මොළේ තියෙන නළු නිළියන් නම් කල්පනා කරන්න ඕන...

'ඔහොම කළොත් අපායේ යනවා' කියලා කිව්වාම, මොළේ තියෙන කෙනෙක් කල්පනා කරන්න ඕන, 'මේක මේ බොරුවක්ද කියන්නේ?' කියලා.

ඇයි රාගය අවුස්සලා දැම්මට පස්සේ ඒ අහිංසක මනුෂ්‍යයා මොහොතකට හරි පිස්සෙක් වෙනවා. ඉතින් ඒක පාපයක්නෙ. ඊට පස්සේ මනුස්සයාගේ සංවරකම, පවට ලැජ්ජාව නැතිවෙලා යනවා. විපාකයට බය නැතිව යනවා. ඊට පස්සේ නරක දේවල් ටික ඔක්කොම එළිපිට කතා කරනවා. විපාකයට බය නෑ. ඕනෑම නරක දෙයක් ප්‍රසිද්ධියේ කරන්න කැමති වෙනවා. ඊට පස්සේ ඉතින් බෞද්ධ සමාජයකට ඉඩක් නැතුව යනවා.

බුදුරජාණන් වහන්සේගේ ධර්මයේ තමයි ඉන්ද්‍රිය සංවරය ගැන, සිල්වත්කම ගැන කථා කරන්නේ. මේ විදිහට ගියොත් අනාගතයේදී මේවා මොකුත් ඕනේ නැතිව යනවා.

දෙපැත්තේ කට ඇති අසූචි මල්ල...

බුදුරජාණන් වහන්සේ වදාළා, "නිවන් මගේ ගමන් කරන කෙනා අසුභය වැඩිය යුතුයි" කියලා. උන්වහන්සේ

අසුභය වඩන හැටි පවා කියාදීලා තියෙනවා.

දෙපැත්තේ කට බැඳපු ධාන්‍ය පුරෝපු මල්ලක් තියෙනවා. ඇස් තියෙන, නුවණ තියෙන කෙනෙක් මේ මල්ල ලිහලා බලනවා. ඊට පස්සේ ඒ මල්ලේ තියෙන ධාන්‍ය වර්ග ඔක්කොම වෙන වෙනම වෙන්කර කර ගොඩ ගහනවා 'මේව කඩල, මේවා මුං ඇට, මේවා කව්පි, මේවා මෑ ඇට...' කියලා.

අන්න ඒ ආකාරයට මේ ශරීරයත් අසූචි පුරෝලා තියෙන, දෙපැත්තේ කට තියෙන මල්ලක් වගේ කියනවා. බුද්ධිමත් කෙනා මේ මල්ල ලිහනවා. මේ මල්ල ලිහලා, 'මේ කෙස්, මේ ලොම්, මේ නියපොතු, මේ නහර වැල්, මේ දත්, මේ සම, මේවා මස්, මේ ඇට, මේ ඇටමිදුළු, මේවා හදවත, මේවා අක්මාව, මේවා දලබුව, මේවා බඩදිව, මේවා අසූචි...' කියලා මේ ශරීරයේ තියෙන කොටස් වෙන්කර කර බලනවා. මේ විදිහට ජීවිතේ යථාර්ථය දකින්න උත්සාහ කරනවා.

ද්වේෂය නැති කරගන්න මෛත්‍රිය වැඩිය යුතුයි...

ඊළඟට බුදුරජාණන් වහන්සේ වදාළා, "ව්‍යාපාදය දුරු කරන්න මෛත්‍රී වැඩිය යුතුයි" කියලා. (**මෙත්තා භාවේතබ්බා ව්‍යාපාදස්ස පහානාය**) බුදුරජාණන් වහන්සේගේ ධර්මයේ මෛත්‍රී භාවනාව ක්‍රම දෙකකට සඳහන් වෙනවා.

1. අප්‍රමාණ චේතෝ විමුත්තිය
2. මහග්ගත චේතෝ විමුත්තිය

අප්‍රමාණ චේතෝ විමුක්තිය කියන්නේ, ප්‍රමාණ

රහිතව දිසාවල් වලට මෛත්‍රිය පැතිරවීමයි. ඔන්න උතුරු දිසාවට මෛත්‍රිය පතුරුවනවා.

උතුරු දිසාවේ සිටින සියලු සත්වයෝ.... වෛර නැත්තෝ වෙත්වා, තරහ නැත්තෝ වෙත්වා, ඊර්ෂ්‍යා නැත්තෝ වෙත්වා, දුක් පීඩා නැත්තෝ වෙත්වා, සුවසේ ජීවත් වෙත්වා, ශාන්ත සුවයට පත්වෙත්වා කියලා උතුරු දිසාවට මෙත් සිත පතුරුවනවා. මේ විදිහටම අනෙකුත් දිසා වලටත් මෛත්‍රිය පතුරුවනවා.

උතුරු අනු දිසාවේ සිටින සියලු සත්වයෝ...

නැගෙනහිර දිසාවේ සිටින සියලු සත්වයෝ...

නැගෙනහිර අනු දිසාවේ සිටින සියලු සත්වයෝ...

දකුණු දිසාවේ සිටින සියලු සත්වයෝ...

දකුණු අනු දිසාවේ සිටින සියලු සත්වයෝ...

බටහිර දිසාවේ සිටින සියලු සත්වයෝ...

බටහිර අනුදිසාවේ සිටින සියලු සත්වයෝ...

උඩ දිසාවේ සිටින සියලු සත්වයෝ...

යට දිසාවේ සිටින සියලු සත්වයෝ...

මේ ආකාරයට දස දිසාවටම මෛත්‍රිය පතුරුවන එක අප්‍රමාණ චේතෝ විමුක්තිය.

මහග්ගත චේතෝ විමුක්තිය...

මහග්ගත චේතෝ විමුක්තිය කියන්නේ තමන් ඉන්න තැන ඉඳලා ටිකෙන් ටික ප්‍රදේශ වශයෙන් ව්‍යාප්ත කරගෙන යන එක. ඉස්සරවෙලාම එයා තමන්ට මෛත්‍රී කරනවා.

මම වෛර නැත්තෙක් වෙම්වා, තරහ නැත්තෙක්

වෙම්වා, ඊර්ෂ්‍යා නැත්තෙක් වෙම්වා, දුක් පීඩා නැත්තෙක් වෙම්වා, සුවසේ ජීවත් වෙම්වා, ශාන්ත සුවයට පත් වෙම්වා...

මා මෙන්ම මාගේ නිවසේ සිටින සියලු සත්වයෝ...

මේ ගමේ සිටින සියලු සත්වයෝ...

මේ නගරයේ සිටින සියලු සත්වයෝ...

මේ පළාතේ සිටින සියලු සත්වයෝ...

මේ රටේ සිටින සියලු සත්වයෝ...

මේ ලෝකයේ සිටින සියලු සත්වයෝ...

මේ විදිහට කෙමෙන් කෙමෙන් පුළුල් කරලා මෛත්‍රිය වඩන එක තමයි මහග්ගත චේතෝ විමුක්තිය.

හිතේ විසිරීම නැති කරගන්න නම් ආනාපානසති භාවනාව වඩන්න ඕන...

ඊළඟට බුදුරජාණන් වහන්සේ වදාළා, "විතර්ක නැති කරගන්න ආනාපානසතිය වඩන්න" කියලා. **(ආනාපානසති භාවේතබ්බා විතක්කුපච්ඡේදාය)** අපේ හිතට නොයෙක් සිතුවිලි එනවා කෙළවරක් නැතුව. එක සිතුවිල්ලක් එනවා. හිතේ ස්වභාවය තමයි ඔන්න ඒක අල්ලගෙන හිතනවා. ටිකක් වෙලා යනකොට ඒ සිතුවිල්ලෙන් වෙන එකකට මාරු වෙනවා. ඊට පස්සේ ඒක අල්ලගෙන හිතනවා. ඊට පස්සේ ඒකෙන් ඊළඟ එකට මාරු වෙනවා. හරියට වාහනයකින් වාහනයකට මාරුවෙනවා වගේ. සිතුවිලි වලින් සිතුවිලිවලට මාරු වෙවී, මාරු වෙවී තමයි අපි මේ ඉන්නේ.

මේ හිත හරියට දූවිලි ඇවිස්සිච්ච බිමක් වගේ...

සමහර අවස්ථාවල අපේ හිතට එපා දේවල්ම මතක් වෙනවා. සමහරවිට ඒක හිතන එක අපට මහා පීඩාකාරී දෙයක්. නමුත් ඒ පීඩාකාරී දේම මතක් වෙනවා. මෙන්න මේ විදිහට අපේ හිතට පීඩා ඇතිවෙන විතර්ක එනවා. බුදුරජාණන් වහන්සේ උපමාවක් වදාළා 'හරියට දූවිලි ඇවිස්සිච්ච බිමක් වගේ' කියලා. දූවිලි ඇවිස්සිච්ච බිමකට මහා වැස්සක් වැස්සොත් සංසිඳෙනවා වගේ මේ ආනාපානසති භාවනාවෙන් මේ සිත සංසිඳවන්න පුළුවන්කම, සිතුවිලි සංසිඳවන්න පුළුවන්කම තියෙනවා.

මාන්නය නැති වෙන්නේ අනිත්‍ය භාවනාවෙන්...

ඊළඟ එක තමයි, 'මම වෙමි' කියන මතය නැතිවෙන්න අනිත්‍ය සංඥාව වඩන්න ඕනෑ. **(අනිච්ච සඤ්ඤා භාවේතබ්බා අස්මිමාන සමුග්ඝාතාය)** කොහොමද ඒක කරන්නේ? 'ඇස අනිත්‍යයි, කන අනිත්‍යයි, නාසය අනිත්‍යයි, දිව අනිත්‍යයි, කය අනිත්‍යයි, මනස අනිත්‍යයි, ඇහැට පේන රූප අනිත්‍යයි, කනට ඇහෙන ශබ්ද අනිත්‍යයි, නාසයට දැනෙන ගඳසුවඳ අනිත්‍යයි, දිවට දැනෙන රසය අනිත්‍යයි, කයට දැනෙන පහස අනිත්‍යයි, මනසට දැනෙන අරමුණු අනිත්‍යයි' කියලා නුවණින් විමස විමසා බලන්න ඕන. ඒක තමයි අනිච්ච සඤ්ඤාව කියන්නේ.

ඊළඟට එයා පංච උපාදානස්කන්ධය දිහා බලනවා 'රූප අනිත්‍යයි, වේදනාව අනිත්‍යයි, සංඥාව අනිත්‍යයි,

සංඛාර අනිත්‍යයි, විඤ්ඤාණය අනිත්‍යයි' කියලා පංච උපාදානස්කන්ධයම අනිත්‍ය වශයෙන් විමස විමසා බලනවා.

අනිත්‍ය දේ තමාගේ වසඟයේ පවත්වන්න බෑ...

නුවණින් විමස විමසා බලනකොට, අනිත්‍ය දේ අනිත්‍ය වෙලා යනවා කියලා එයාට තේරෙනවා. ඒ කියන්නේ මෙහෙමයි. අපි හිතමු කෙනෙක් 'ඇස අනිත්‍යයි' කිය කියා ඉන්නවා. එහෙම ඉන්නකොට ඇස අනිත්‍ය වෙලා යනවා. එතකොට එයාට ඒක තේරෙන්නේ නැද්ද? 'අනිත්‍ය දේ අනිත්‍ය තමයි' කියලා තේරෙනවා. මේ විදිහට කන, නාසය, දිව, කය, මනස ගැනත් බලනකොට, ඒ සියල්ලම අනිත්‍යයි කියලා තේරෙනවා.

අපි හිතමු, කෙනෙක් 'කය අනිත්‍යයි' කියලා නුවණින් බලනවා. එතකොට එයාගේ කයේ සනීප කරන්නම බැරි රෝගයක් හටගන්නවා. එතකොට එයාට අවබෝධ වෙන්නේ මොකක්ද? කයේ අනිත්‍යතාවයමයි. මේ විදිහට අනිත්‍ය දේ අනිත්‍ය විදිහට අවබෝධ කරනකොට, මෙයාට තේරෙනවා 'අනිත්‍ය දේ තමාගේ වසඟයේ පවත්වන්න බෑ' කියලා.

- රූපය තමාගේ වසඟයේ පවත්වන්න බෑ.
- වේදනාව තමාගේ වසඟයේ පවත්වන්න බෑ.
- සංඥාව තමාගේ වසඟයේ පවත්වන්න බෑ.
- සංඛාර තමාගේ වසඟයේ පවත්වන්න බෑ.
- විඤ්ඤාණය තමාගේ වසඟයේ පවත්වන්න බෑ.

කාලයක් තිස්සේ මුල් බැහැලා මතයක්
'මම, මගේ, මගේ ආත්මය' කියලා...

අපි හිතාගෙන ඉන්නේ තමාගේ වසඟයේ පවත්වන්න පුළුවන් කියලා. ඒ මොකද? අපි මේකට අහුවෙලා ඉන්නේ. මේක තේරුම්ගන්න නම් අනිත්‍ය සංඥාව එයා හොඳට පුරුදු කරන්න ඕන. නිතර නිතර අනිත්‍ය මෙනෙහි කරන්න ඕන. ඇස, කන, නාසය, දිව, කය, මනස කියන ආයතනවලට කාලයක් තිස්සේ මුල් බැහැලා තියෙනවා 'මම, මම වෙමි, මගේ' කියන අදහස. ඒකත් එක්ක තමයි අපිට මේ බය, තැතිගැනීම්, ශෝක, දුක් දොම්නස් ඔක්කොම හටඅරන් තියෙන්නේ. ඒක නිසයි අපි හැම තිස්සේම දුකින් දොම්නසින් කල් ගෙවන්නේ.

ඔන්න අපට බයක් ඇතිවෙනවා. නමුත් අපට හිතෙන්නේ නෑ 'තණ්හාව නිසා බය ඇතිවෙනවා' කියලා. බය ඇතිවුණේ ආසාවක් මුල් කරගෙනයි. කයට අපි හිතෙන් බැඳිච්ච නිසයි බය හටගත්තේ. 'මේ බැඳීම නොතිබුණා නම් බයක් හටගන්නේ නෑ' කියලා අපට හිතෙන්නේ නැහැ.

අන්න නුවණ තියෙන කෙනා තමන්ගේ ජීවිතේ තුළින්ම නුවණින් විමසනවා 'මේ අනිත්‍ය දේ අනිත්‍ය වශයෙන්ම අවබෝධ කරගන්න ඕන' කියලා.

තමාගේ වසඟයේ පවත්වන්න පුළුවන්
දෙයක් මේකෙ නෑ...

බුදුරජාණන් වහන්සේ වදාළා, "අනිත්‍ය සංඥාව තියෙන කෙනා තමයි තේරුම් ගන්නේ" කියලා. ඒ කියන්නේ තමාගේ වසඟයේ පවත්වන්න පුළුවන්

දෙයක් මේකේ නෑ කියන එක තේරුම් ගන්නේ අනිත්‍ය සංඥාව වඩන කෙනයි. ඒ විදිහට අවබෝධ වෙනකොට තමයි අවබෝධයෙන් කළකිරෙන්නේ. අන්න ඒ විදිහට කළකිරෙන කොට තමයි ඇල්ම දුරුවෙන්නේ.

- සතර මහා ධාතූන්ගෙන් හටගන්නා දේවල් තමාගේ වසඟයේ පවත්වන්න බෑ.
- ස්පර්ශයෙන් හටගත් වේදනාව තමාගේ වසඟයේ පවත්වන්න බෑ.
- ස්පර්ශයෙන් හටගත් සංඥාව තමාගේ වසඟයේ පවත්වන්න බෑ.
- ස්පර්ශයෙන් හටගත් සංඛාර තමාගේ වසඟයේ පවත්වන්න බෑ.
- නාමරූප නිසා හටගත් විඤ්ඤාණය තමාගේ වසඟයේ පවත්වන්න බෑ.

මේ විදිහට නුවණින් සිහිකරන කෙනාටයි මේ කෙරෙහි තියෙන ඇල්ම දුරු කරගන්න ආශාවක් ඇතිවෙන්නේ. ඒතාක්ම ඇතිවෙන්නෙ නෑ.

සැඩ පහරට අහුවෙච්ච කෙනා තණකොළ ගහෙත් එල්ලෙනවා...

ඔබට මතක ඇති නදී සූත්‍රයේදී බුදුරජාණන් වහන්සේ වදාළා, "අපේ ස්වභාවය හරියට ගහගෙන යන සැඩපහරට වැටිච්ච කෙනෙක් වගේ" කියලා.

ගං ඉවුරේ තියෙනවා ගංගාවට නැමිලා තියෙන තණකොළ පඳුරු. වතුරට වැටිලා ගහගෙන යනකෙනා අර ගං ඉවුරේ තියෙන තණකොළ ගස්වල එල්ලෙනවා.

අන්න ඒ වගෙයි, සත්වයා අනිත්‍ය වූ රූපය කෙරෙහි 'මම' කියලා එල්ලිලා ඉන්න විදිහ. අනිත්‍ය වූ වේදනාව කෙරෙහි, අනිත්‍ය වූ සංඥාව කෙරෙහි, අනිත්‍ය වූ සංස්කාර කෙරෙහි, අනිත්‍ය වූ විඤ්ඤාණය කෙරෙහි 'මම' කියලා එල්ලිලා ඉන්න විදිහ. මොකද තණකොළ ගහක් අල්ලගෙන හිටපුවාම වෙන්නේ? ඒ තණකොළ ගහ ගලෝගෙන සැඩ පහටරම ගහගෙන යනවා. අන්න ඒ වගේ අපි අල්ලගෙන ඉන්න දේවල් නැතිවෙවී ආයෙත් සංසාරෙටම වැටෙනවා. ආයෙත් උපතක් කරාම යනවා. මේක සිද්ධවෙන්නේ අවබෝධයක් නැතුව අල්ලගෙන ඉඳීම නිසයි.

අපට අවබෝධයක් ඇතිවෙන්න නම් අනිත්‍ය දේ අනිත්‍ය වශයෙන් දකින්න ඕන. දුක් දේ දුක් වශයෙන් දකින්න ඕන. අනාත්ම දේ අනාත්ම වශයෙන් දකින්න ඕන. මේ විදිහට තේරුම් ගත්තොත් 'අපි සංසාරේ ආවේ ආත්මයක් තිබ්බ නිසා නොවෙයි. හේතුඵල පැවැත්මක් සකස්වෙච්ච නිසයි. රැවටීමක් නිසයි, අවබෝධයක් නැතිකම නිසයි' කියලා, එදාට එයා මේ පැවැත්ම ගැන කළකිරෙනවා.

අපට තව ආත්ම කෝටියක් උපදින්න තියෙනවා නම්, ඒ උපදින්නෙත් අවිද්‍යා සහිතව තණ්හාවෙන් බැඳිච්ච නිසා මිසක් වෙන දෙයක් නිසා නොවෙයි.

යුද්ධ දාහක් දිනුවත් වැඩක් නෑ... තමන් දිනලා නැත්නම්...

අවිද්‍යාව පවතින්නේ යථාභූත ඤාණය ඇතිකරගෙන නැති නිසයි. යම් දවසක අපි යථාභූත ඤාණය ඇතිකරගත්තොත් එදාට අපි කළකිරෙනවා.

එදාට අපිට ඇස, කන, නාසය, දිව, කය, මනස එපා වෙනවා. එදාට අපි නිවන කරා යනවා.

මේ සඳහා ජීවිතේ මූලික අඩිතාලම අපි දාගන්න ඕන. මේක තමන්ගේ විමුක්තිය උදෙසා තමන් කරන අරගලයක්. ඒකයි බුදුරජාණන් වහන්සේ වදාළේ, "යුද්ධ දාහක් දිනුවත් වැඩක් නැහැ, තමන් දිනලා නැත්නම්. සැබෑම ජයග්‍රහණය වෙන්නේ තමාගේ කෙලෙස් පරද්දලා තමන් දිනන එකයි" කියලා.

තමා තමාව රැකගැනීම පිණිසයි...

දැන් බලන්න අපි මේ වැඩසටහන් පටන් අරගෙන බොහෝකල්. මේ කාලය තුළ 'සංසාරේ නැවතියන්. හිමීට හිමීට පාරමී පුරාගෙන පලයල්ලා...' කියලා එක දේශනාවකවත් හම්බවුණාද? නෑ. අන්න එහෙනම් තේරුම් ගන්න, මේ ධර්ම මාර්ගය තියෙන්නේ තමා තමාව රැකගැනීම පිණිසයි. තමාව බේරගන්න පිණිසයි.

ඒ නිසා මේ ලැබිච්ච මනුෂ්‍ය ජීවිතේ අපි අධිෂ්ඨානයක් ඇති කරගන්න ඕන, 'කොහොමහරි මේ මනුෂ්‍ය ජීවිතය තුළ, මේ ගෞතම බුද්ධ ශාසනය තුළ, 'මමත් උතුම් වූ චතුරාර්ය සත්‍යය අවබෝධ කරගෙන දුකින් නිදහස් වෙනවා' කියලා.

සාදු! සාදු!! සාදු!!!

නමෝ තස්ස භගවතෝ අරහතෝ සම්මාසම්බුද්ධස්ස
ඒ භාග්‍යවත් අරහත් සම්මා සම්බුදුරජාණන් වහන්සේට නමස්කාර වේවා!

02.
උපාදාන පරිතස්සනා සූත්‍රය

(සංයුත්ත නිකාය 3 - උපය වර්ගය)

ශ්‍රද්ධාවන්ත පින්වතුනි,

අද අපි ඉගෙනගන්න දේශනයේ නම 'උපාදාන පරිතස්සනා' සූත්‍රය. මේ සූත්‍රය තියෙන්නේ සංයුත්ත නිකායේ තුන්වන කාණ්ඩයේ. භාග්‍යවත් බුදුරජාණන් වහන්සේ මේ දේශනය දේශනා කළේ සැවැත් නුවරදී.

බැඳෙන ජීවිතය ලිහන හැටි...

'උපාදාන' කියන එකේ තේරුම බැඳෙනවා කියන එකයි. තමන් කැමති වුණත්, අකමැති වුණත් බැඳෙනවා. බැඳෙන එකට තමයි 'උපාදාන' කියන්නේ. අපි බැඳෙන්නේ, උපාදාන වෙන්නේ දුකටයි. බුදුරජාණන් වහන්සේ අපට පෙන්වා දෙනවා දුකට බැඳෙන ජීවිතය ලිහලා දමන්නේ කොහොමද කියලා. බැඳෙනවා නම් අපිට කරන්න තියෙන්නේ, ලිහලා දමන එකයි. දුකට

බැඳෙන ජීවිතය ලිහා දමන හැටි තමයි මේ 'උපාදාන පරිතස්සනා' සූත්‍රයෙන් විස්තර කරන්නේ.

ආර්ය සත්‍යය කියලා කියන්නේ ඇයි...?

බුදුරජාණන් වහන්සේ ඉස්සර වෙලාම ලෝකයට හෙළිකළා ආර්ය සත්‍යය හතරක් ගැන. එතැන පහකුත් නෙවෙයි. තුනකුත් නෙවෙයි. එහෙම නම් මේ ලෝකයේ ආර්ය සත්‍යය හතරමයි තියෙන්නේ. පළවෙනි ආර්ය සත්‍යය තමයි දුක්ඛාර්ය සත්‍යය. දෙවෙනි එක සමුදය ආර්ය සත්‍යය. තුන්වෙනි එක නිරෝධ ආර්ය සත්‍යය. හතරවෙනි එක මාර්ග ආර්ය සත්‍යය. මේකට 'ආර්ය සත්‍ය' කියලා කියන්නේ, ඒක වෙනස් නොවන සත්‍යයක් නිසයි. (තථා) ඒක ඒකාන්ත සත්‍යයක්. (අවිතථා) ඒක වෙනස් කළ නොහැකි සත්‍යයක්. (අනඤ්ඤථා) වෙනස් භාවයකට හරවන්න බැරි සත්‍යයක්.

කෘතිම විදිහට දුක නවත්වන්න බෑ...

මොනවද දුක්ඛ සත්‍යයට ඇතුළත් දේවල්? ඉපදීම දුකක්. මේක සම්පූර්ණ ඇත්තක්ද? බාගෙට ඇත්තක්ද? සම්පූර්ණ සත්‍යයක්. එහෙනම් ළමයි ඉපදෙන්න ඉන්නකොට අම්මලා තාත්තලා ලෑස්ති වෙන්නේ මේ ඇත්ත පිළිගන්නද? ලස්සන නම් හොයනවා. නම් දානවා. අපි ඉපදෙනකොටත් එහෙම තමයි. අම්මලා තාත්තලා හරියට සතුටු වුණා. දැන් විඳවන්නෙත් අපිම තමයි. නමුත් මේක කෘත්‍රිම විදිහකට නවත්තගන්න බෑ.

දැන් අපි ඉපදුණා. ඒ ඉපදුණේ ඇස, කන, නාසය, දිව, කය හා සිතයි. ඉපදීම දුකක් කියලා බුදුරජාණන් වහන්සේ කියපු මේ කාරණය 'දුකක් නෙවෙයි' කියලා

දෙවියන්, බඹුන්, මරුන් සහිත මේ ලෝකයේ කාටවත් කියන්න බෑ.

ජරාවට පත්වීමත් දුකක්. සමහර ජීවිත ජරාවට පත්වෙන ආකාරය බැලුවාම හිතාගන්න බෑ මේ විදිහටත් කර්ම හැදෙනවද කියලා. එච්චරටම ජරාජීර්ණ වෙනවා.

කන බොන හැටිවත් නොදන්න සමාජයක්...

පසුගිය දවසක පත්තරේක තිබිලා මම දැක්කා ඕස්ට්‍රේලියාවේ මනුස්සයෙකුට ස්විප් එකක් ඇදිලා. ඒකෙන් මේ මනුස්සයා වීඩියෝ සාප්පුවක් දාලා. කැරකෙන පුටුවක වාඩිවෙලා වීඩියෝ චිත්‍රපටි බල බලා දවසකට කොකාකෝලා ටින් තිහක් විතර බිබී, අර සල්ලි ඉවරවෙනකම්ම මසුයි, බැදපු අලයි කකා ඉඳලා. සල්ලි ඉවර වෙද්දි මෙයාට කිලෝ තුන්සිය තිහක ඇඟක් ලැබිලා. මෙයාට දැන් නැගිටගන්නවත් බෑ. ලොකු පිටි මුට්ටයක් වගේ. දැන් එයා අඬනවා 'දිවි නසාගන්න ඕනෑ' කියලා. එයාගේ පින්තූරේ පත්තරේ දාලා තිබුණා. දැක්කහම හරි දුකයි. බලන්න.... ධර්මයක් නැති සමාජයක් තුළ මිනිස්සු කන බොන එකවත් හඳුනන්නේ නැහැ.

ඇලෙන නිසයි බැඳෙන්නේ...

එහෙනම් ඉපදීම දුකක්. ජරාවට පත්වීම දුකක්. රෝග පීඩා වැළඳීම දුකක්. මරණයට පත්වීම දුකක්. ප්‍රියයන්ගෙන් වෙන්වීමට සිදුවීම දුකක්. අප්‍රියයන් සමඟ එක්වෙන්න සිදුවීම දුකක්. තමන් කැමති දේ නොලැබීම දුකක්. ඊළඟට බුදුරජාණන් වහන්සේ දේශනා කළා, 'කොටින්ම කීවොත් පංච උපාදානස්කන්ධයම දුකක්' බව. එතනින් තමයි බුදුරජාණන් වහන්සේ මේ දේශනය පටන්ගත්තේ.

'උපාදාන' කියන වචනයේ තේරුම බැඳීයාමයි. බැඳෙන්නේ කුමක් නිසාද? ඇලීම නිසා. ඇලෙන නිසයි බැඳෙන්නේ. බුදුරජාණන් වහන්සේ පෙන්වා දෙනවා, රූප, වේදනා, සඤ්ඤා, සංඛාර, විඤ්ඤාණ කියන උපාදානස්කන්ධ පහට අප බැඳිලා යන වග. දැන් අපි මේ කතා කළේ පාලියෙන්. අපි ඒවා සිංහලෙන් විස්තර කරමු.

රූපයේ ඇත්ත ස්වභාවය...

එතකොට 'රූප' කියලා කිව්වේ පඨවි, ආපෝ, තේජෝ, වායෝ කියන සතර මහා භූතයන්ටත්, ඒ වගෙන් හැදිච්ච දේවල් වලටත් 'රූප' කියලා කියනවා. 'පඨවි' කිව්වේ පස් වෙලා යන දේවල් වලට. 'ආපෝ' කිව්වේ දියවෙලා යන දේවල් වලට. 'තේජෝ' කියන්නේ උණුසුම් දේවල් වලට. 'වායෝ' කියන්නේ හුළඟින් හැදිච්ච දේට. මේ ආකාරයට පස්වෙලා යන, දියවෙලා යන, උණුසුම් සිසිල්, ඒ වගේම සුළඟින් හැදිච්ච දේවල්වලට තමයි රූප කියලා කිව්වේ. ඒවාට 'රූප' කියලා කියන්නේ, ඒවගෙන් හැදිච්ච ඕනෑම දෙයක් කැඩී බිඳී වැනසී යන්න පුළුවන් නිසයි. අපිට කලින් රජවරු හිටියා. සිටුවරු හිටියා. ලස්සන අය හිටියා. මිහිරි හඬවල් තියෙන අය හිටියා. දක්ෂ අය හිටියා. ඒ සියලු දෙනාම මහ පොළොවට පස්වෙලා ගියා.

ස්කන්ධ නිරවුල් කර ගනිමු...

'රූප ස්කන්ධය' හඳුන්වනකොට ඒකට 'ස්කන්ධ' කියලා කියන්නේ මොකද? බොහෝ දෙනෙක් 'ස්කන්ධ' කියන වචනය විස්තර කරනකොට 'කඳු, ගොඩවල්' කියන අර්ථය දෙනවා. ඒක සම්පූර්ණයෙන්ම වැරදියි. 'සාරිපුත්ත' කියන වචනය සිංහලට හැරෙව්වහම 'සැරියුත්'.

'මොග්ගල්ලාන' වචනය සිංහලට හැරෙව්වහම 'මුගලන්'. ඒ වගේම 'ස්කන්ධ' කියන වචනය සිංහලට හැරෙව්වහම, 'කඳු' කියලා කියනවා. නමුත් අපි සාමාන්‍යයෙන් හඳුන්වන කඳුවලට නෙමෙයි මෙතන 'කඳු' කියලා කියන්නේ.

ස්කන්ධ යනු කුමක්ද...?

මෙතන කඳු කිව්වේ 'ස්කන්ධ' කියන අර්ථයෙනුයි. 'ස්කන්ධ' කියලා කියන්නේ කාලයත්, අවකාශයත් තුළ පවතින දේට. කාල තුනක් තියෙනවා අතීත, අනාගත, වර්තමාන කියලා. 'කාලය' කියලා එකක් ලෝකයේ තියෙනවා. මේ කාලය කියන දේ සකස් වෙලා තියෙන්නේ සියලු දේ වෙනස් වෙන නිසයි. වෙනස් වුණේ නැතිනම් කාලයක් කියලා දෙයක් නෑ. අපි 'අතීතය' කියලා කියන්නේ දැන් තිබිලා නැතිවෙච්ච එකකට. 'අනාගතය' කියලා කියන්නෙ තවම හට නොගත්තු එකට. 'වර්තමානය' කියලා කියන්නේ දැන් පවතින එකට. ඒක වෙනස්වෙලා ගියහම කියනවා 'අතීතය' කියලා. දැන් එකට කියනවා 'වර්තමානය' කියලා. පැමිණිච්ච නැති එකට කියනවා 'අනාගතය' කියලා. මේ ඔක්කොම තියෙන්නේ වෙනස් වීම මතයි. කාලය කියන්නේ ඒකට. අතීත, අනාගත, වර්තමානයට කාලයෙන් පැනලා යන්න බෑ. හේතූන්ගෙන් හටගත්තු දේවල් ඔක්කොම කාලයට අයිතියි. සකස්වෙච්ච දේවල් කාලයක් තිබිලා නැතිවෙලා යනවා. සත්‍යය විතරයි කාලයකින් මනින්න බැරි. සත්‍යය කාලයකින් මනින්න බැරි නම්, ඒක අකාලිකයි. එහෙනම් සත්‍ය විතරක් අකාලිකයි.

කාලය ඉක්මවා ගිය සත්‍යයක්...

බුදුරජාණන් වහන්සේ පෙන්නනවා ඉපදීම දුකක්. ජරාව දුකක්. රෝග පීඩා දුකක්. මේක කාලයකින් මනින්න පුළුවන් දෙයක් නෙවෙයි. 'ආ... ඔය කියන්නෙ ඒ යුගයට. දැන් කාලේ ඒක හරියන්නේ නෑ. දැන් කාලේ ඉපදීම සැපක්. ජරාව සැපක්. මරණය සැපක්' කියලා කියන්න බෑ. මොකද ඒක කාලයකට වලංගු නෑ. ඒක කාලය ඉක්මවා ගිය සත්‍යයක්. එතකොට දුක ගැන බුදුරජාණන් වහන්සේ වදාළ දේ කාලය ඉක්මවා ගිය සත්‍යයක්. දුකට හේතුව කාලය ඉක්මවා ගිය සත්‍යයක්.

නමුත් සතර මහා ධාතූන්ගෙන් හටගත්තු දේ කාලයත් එක්ක තියෙන එකක්. ඒක අනිත්‍ය එකක්. අපේ කෙස්, ලොම්, නිය, දත්, සම්, මස්, නහර මේවා ඔක්කොම හැදිල තියෙන්නේ සතර මහා ධාතූන්ගෙන්. මේක කාලයට ප්‍රතික්‍රියා දක්වන එකක්. මේවත් එක්ක වයසට යනකොට ඒ අනුව කාලය හඳුන්වනවා. එතකොට පැහැදිලිවම අතීත, වර්තමාන, අනාගත කියලා කාලයක් තියෙනවා.

කාලය හා අවකාශය තුළ පැවැත්මක්...

අවකාශය තමයි දැන් තෝරගන්න තියෙන්නේ. අවකාශය තුළ තමයි අපි කවුරුත් ඉන්නේ. තමා කියල සළකනවා. තමා හැර අනිත් අය බාහිර කියලා සලකනවා. (ආධ්‍යත්මික-බාහිර) එතකොට 'ආධ්‍යාත්මික' කියන්නේ, තමා යයි සළකන. 'බාහිර' කියන්නේ, අනුන් යයි සළකන. ඊළඟට ගොරෝසු-සියුම්. ඊළඟට හීන-ප්‍රණීත. ඒ කියන්නේ යහපත්-අයහපත්. ඊළඟට දුර-ළඟ. මේ

ආකාර එකොළොස් ආකාරයකට කාලය හා අවකාශය තුළ පැවැත්මටයි 'ස්කන්ධ' කියලා කියන්නේ.

ස්කන්ධ, උපාදානස්කන්ධ වෙන්නේ මෙහෙමයි...

දවසක් බුදුරජාණන් වහන්සේගෙන් භික්ෂූන් වහන්සේ නමක් ඇහුවා, (**කිත්තාවතානු බෝ භන්තේ. ඛන්ධානං ඛන්ධාධිවචනං**) "භාග්‍යවත් බුදුරජාණන් වහන්ස, ඇයි මේවට 'ස්කන්ධ' කියන්නේ? රූප, වේදනා, සඤ්ඤා, සංඛාර, විඤ්ඤාණ කියන මේ පහේ පැවැත්මට ස්කන්ධ කියලා කියන්නේ ඇයි?" කියලා. එතකොට බුදුරජාණන් වහන්සේ පිළිතුරු දුන්නා, (**යං කිඤ්චි භික්ඛු රූපං අතීතානාගතපච්චුප්පන්නං අජ්ඣත්තං වා බහිද්ධා වා ඕළාරිකං වා සුඛුමං වා හීනං වා පණීතං වා යං දූරේ සන්තිකේ වා අයං වුච්චති රූපක්ඛන්ධෝ**) "මහණෙනි, යම් රූපයක් ඇත්ද, අතීත-අනාගත-වර්තමාන කියන කාලයට අයිතියි. ඒවගේම තමා යයි සළකන හෝ අනුන් යයි සළකන, ගොරෝසු හෝ සියුම්, හීන හෝ ප්‍රණීත, දුර හෝ ළඟ පවතින යම් රූපයක් ඇද්ද, අන්න ඒ නිසයි 'රූපස්කන්ධ' කියන්නේ" කියලා.

ලස්සන නිරුක්තියක්...

බලන්න... බුදුරජාණන් වහන්සේ කොච්චර ලස්සන නිරුක්තියක් දෙනවද කියලා. 'නිරුක්තියක්' කියලා කියන්නේ වචනයක් සම්බන්ධව කරන විස්තරයට. මේක දන්නේ නැතුව අපි නිකම්ම නිකම් ගොඩවල් කිව්වොත් ඒකේ අර්ථය එන්නේ නැහැ.

මේ 'ස්කන්ධ' කියන වචනයේ තේරුම හොඳට විස්තර කරලා තියෙනවා 'පුණ්ණමා' කියන සූත්‍රයේ. මේවා හොඳට මතක තියාගන්න. කවුරුහරි ඇහුවොත් 'ස්කන්ධ' කියන වචනය විග්‍රහ කළේ කොහොමද කියලා, කෙලින්ම කියන්න 'මේ කාරණාව තියෙන්නේ සංයුත්ත නිකායේ තුන්වෙනි කාණ්ඩයේ පුණ්ණමා සූත්‍රයේ' කියලා.

ස්කන්ධ කියලා කියන්නේ ගුලි ගුලි ද...?

දවසක් ගමනක් යද්දි මගෙන් හාමුදුරුනමක් ඇහුවා, 'ස්කන්ධ කියලා කියන්නේ ගුලි ගුලිද?' කියලා. අර මතයේ ඉඳලයි ඒ ඇහුවේ. එතකොට මම කිව්වා, 'බුදුරජාණන් වහන්සේ එහෙම වදාරලා නම් නැහැ' කියලා. ඊට පස්සේ ඇහුවා, 'කොහොමද එහෙනම් කියලා දීල තියෙන්නේ?' කියලා. මම කිව්වා, 'බුදුරජාණන් වහන්සේ කියලා දීලා තියෙන්නේ කාලය හා අවකාශය අතර පැවැත්මට' කියලා. ඒක ඇහුවට පස්සේ ඒ ස්වාමීන් වහන්සේ නිහඬ වුණා මිසක් වචනයක්වත් කතා කළේ නැහැ. හරිනම් අහන්න එපායැ 'මොකද්ද මේ කාලය හා අවකාශය අතර පැවැත්ම?' කියලා. එහෙම ඇහුවොත් එයාගෙ නොදන්නකම මම දැනගන්නවනේ. ඒ නිසා එනකම්ම අහන්නේ නැතුව හිටියා. ඔන්න ඕකයි රටේ තත්වේ. මේක හොඳට නුවණින් විමසන්න ඕනෑ. එතකොටයි මේක අල්ලගන්න පුළුවන් වෙන්නේ.

බුදුරජාණන් වහන්සේගේ දේශනාවලින් ඉගෙන ගන්නේ නැතුව අපි මේ ගැන විස්තරයක් කියන්න ගියොත් අමාරුවේ වැටෙනවා. දැන් මම ස්කන්ධ ගැන වෙන අර්ථයක් කියන්න ගත්තොත්, ධර්මය ඉගෙනගත්තු ඤාණවන්ත කෙනෙක් මගෙන් පෙරළා ප්‍රශ්න කරාවි.

'ඔහේ මෙහෙම කියනවා. මේ දේශනාවේ තියෙන්නේ මෙහෙමනේ' කියලා. එතකොට මම බොරුවක්නෙ කියලා තියෙන්නේ. ඒක අපි හරියාකාර ලෙස තේරුම් ගන්න ඕනෑ.

සුදු එළියක් ඇවිත් මගඵල දීලා...?

දවසක් භාවනා උගන්වන කෙනෙක් භාවනා කරන්න ගිය කෙනෙකුට මාර්ග ඵල දීලා, 'ගින්දර අරමුණු කරගෙන විනාඩි විස්සක් ඉන්න' කියලා. 'වතුර අරමුණු කරගෙන විනාඩි විස්සක් ඉන්න' කියලා. 'පැය දෙකක් යනකම් නාස් පුඩු මාරුවෙන් මාරුවට තද කරගෙන ඉන්න' කියලා. එහෙම කරනකොට සුදු එළියක් ඇවිත් මාර්ගඵල දීලා. බලන්න, ආර්ය අෂ්ටාංගික මාර්ගය අහලකවත් නැහැ. ඒ වගේ විකාරකාරයන්ට අහුවෙන්නේ ධර්මය දන්නේ නැති නිසයි. ඒ නිසා මේ කියන ධර්මය හොඳට ඉගෙනගන්න ඕනෑ.

රූප උපාදාන ස්කන්ධය

එතකොට ස්කන්ධ කිව්වේ කාලය හා අවකාශය තුළ පැවැත්මටයි. කාලය හා අවකාශය තුළ පවතින සතර මහා භූතයන්ගෙන් හටගත්තු දේවල් වලට තමයි 'රූප ස්කන්ධ' කියලා කිව්වේ. මේක ඉගෙනගත්තට පස්සේ ඥානවන්ත ශ්‍රාවකයා නුවණින් විමසනවා. කාලය හා අවකාශය තුළ පවතින සතර මහා ධාතූන්ගෙන් හටගත්තු දේ රූප ස්කන්ධ නම්, තමන්ට තියෙන්නෙත් සතර මහා භූතයන්ගෙන් හටගත්තු ශරීරයක්. අනුන්ට තියෙන්නෙත් සතර මහා භූතයන්ගෙන් හටගත්තු ශරීර. ගොරෝසු ස්වභාවයෙන් තියෙනවා. සියුම් ස්වභාවයෙන් තියෙනවා.

හීන-ප්‍රණීත වශයෙන් තියෙනවා. දුර තියෙනවා. ළඟ තියෙනවා. එතකොට මේ ඔක්කොම කාලයට තමයි අයිති වෙන්නේ. එහෙනම් මේ ඔක්කොම වෙනස් වෙන දේ. නමුත් මේ ඔක්කොටම අපේ හිත බැඳී පවතිනවා. බැඳී පවතින්නේ 'තෘෂ්ණාව' නමැති නූලෙන්. ඇල්මකින් බැඳී පවතිනවා සතර මහා භූතයන්ගෙන් හටගත්තු දේට. ඒක තමයි 'රූප උපාදාන ස්කන්ධය'.

වේදනා උපාදාන ස්කන්ධය

ඊළඟට වේදනා ස්කන්ධය ගැන ඉගෙන ගනිමු. 'වේදනා' කිව්වේ විඳීමට. සැප, දුක, උපේක්ෂා කියන තුන් ආකාරයට විඳීම ඇතිවෙනවා. ඇයි මේ වේදනාව ආකාර තුනකට පත්වෙන්නේ? ඇයි එකක් විතරක් තියෙන්න බැරි? ඔන්න සැප වේදනාවක් ඇතිවුණා කියමු. එතකොට අපිට හිතෙනවා, 'ඒ සැප වේදනාවම තියෙනවා නම් හොඳයිනේ, කරදරයක් නෑනේ' කියලා. නමුත් මේ වේදනාව වෙනස් වෙනවා. මොකද අනිත්‍ය වූ දේවල්වලින් හැදිච්ච එකක් නිසා. විඳීම කියන්නේ ස්පර්ශය ප්‍රත්‍යයෙන් හටගත්තු දෙයක්. **(ඵස්ස පච්චයා වේදනා)** 'රූප' පඨවි, ආපෝ, තේජෝ, වායෝ කියන සතර මහා භූතයන් නිසා හටගත්තු එකක්. එතකොට ස්පර්ශය නිසා හටගත්තු වේදනාවට කියනවා 'වේදනා ස්කන්ධ' කියලා. ඒ මොකද? අතීත, අනාගත, වර්තමාන කියන කාලයන් තුළ ආධ්‍යාත්ම, බාහිර, ගොරෝසු, සියුම්, හීන, ප්‍රණීත, දුර, ළඟ කියන අවකාශයන් තුළ පවතින නිසයි 'වේදනා ස්කන්ධය' කියලා කියන්නේ.

මේක හොඳට තේරුම්ගන්න. කාලය හා අවකාශයෙන් බැහැරවෙච්ච ගමන් මේ පැවැත්ම

ඉවරයි. නිදහස් වෙලා යනවා. කාලය හා අවකාශයෙන් බැහැර වෙන්නේ රහතන් වහන්සේ පමණයි. අනිත් සියලු දෙනාම කාලය හා අවකාශය තුළයි ඉන්නේ. ඒ නිසා යළි යළි ජාති, ජරා, මරණ හටගැනීම වළක්වන්න බෑ. එතකොට අතීතයේ පැවති, අනාගතයේ පවතින, වර්තමානයේ පවතින, ගොරෝසු ස්වභාවයෙන් පවතින, සියුම් ස්වභාවයෙන් පවතින, හීන ස්වභාවයෙන් පවතින, ප්‍රණීත ස්වභාවයෙන් පවතින, දුර පවතින, ළඟ පවතින යම් විඳීමක් ඇද්ද, ඒ වේදනා ස්කන්ධයට අපි බැඳෙනවා. ඒකට බැඳෙන්නේ තණ්හාවෙන්. ඒක නිසා ඒකට 'උපාදාන' කියනවා. ඒක තමයි 'වේදනා උපාදාන ස්කන්ධය'.

පැවැත්ම ඉවරයි... නිදහස් වෙලා යනවා...

තණ්හාවේ ස්වරූපයට බුදුරජාණන් වහන්සේ ලස්සන වචනයක් කියනවා 'සිබ්බනී' කියලා. සිබ්බනී කියලා කියන්නේ මෙහෙම එකක්. අපි රෙදි කෑලි දෙකක් එකට මූට්ටු කරලා මහනවා. එතකොට ඒක සම්බන්ධ වෙලා තියෙන්නේ නූලකින්. අන්න ඒ වගේ භවයෙන් භවයට අපිව මහන්නේ තණ්හාවෙන්. ඒ නිසා බුදුරජාණන් වහන්සේ තණ්හාවට කියනවා 'සිබ්බනී' කියලා. බලන්න බුදුරජාණන් වහන්සේගේ වචන කොච්චර ලස්සනද කියලා. අපි මීට කලින් ජීවිතයේදී මැරුණා. මැහැව්වා. දැන් අපි ආයේ ඉන්නවා. කවුද මැහැව්වේ? තණ්හාව විසින්. ඒ මහන්න හේතුව තමයි අපි බැඳිලා ගියා. අපි ඒ බැඳුණේ රූප, වේදනා, සඤ්ඤා, සංඛාර, විඤ්ඤාණ කියන පහට.

සඤ්ඤා උපාදාන ස්කන්ධය

ඊළඟට සඤ්ඤා. සඤ්ඤාව කියන්නේ හඳුනා ගන්නවා. හඳුනාගැනීම ස්පර්ශය නිසා හටගන්න එකක්. ස්පර්ශය කියන්නේ එකතුවීමටයි. ඒ එකතුවෙන්නේ ඇස, කන, නාසය, දිව, කය, සිත කියන අභ්‍යන්තර ආයතනත්, රූප, ශබ්ද, ගන්ධ, රස, පහස, සිතුවිලි කියන බාහිර ආයතනත් විඤ්ඤාණයත් සමඟ සම්බන්ධ වෙනවා. මේකට තමයි 'ස්පර්ශය' කියලා කියන්නේ. ඇස රූපයත් සමඟ සම්බන්ධ වෙන්නේ චක්ඛු විඤ්ඤාණය තුළින්. කන ශබ්දයත් සමඟ සම්බන්ධ වෙන්නේ සෝත විඤ්ඤාණය තුළින්. නාසය ගඳසුවඳත් සමඟ සම්බන්ධ වෙන්නේ ඝාණ විඤ්ඤාණය තුළින්. දිව රසයත් සමඟ සම්බන්ධ වෙන්නේ ජිව්හා විඤ්ඤාණය තුළින්. කය පහසත් සමඟ සම්බන්ධ වෙන්නේ කාය විඤ්ඤාණය තුළින්. සිත සිතුවිලිත් සමඟ සම්බන්ධ වෙන්නෙ මනෝ විඤ්ඤාණය තුළින්. මේ සම්බන්ධයටයි 'ස්පර්ශය' කියලා කියන්නේ. එහෙම වෙච්ච ගමන් විඳිනවා. හඳුනගන්නවා. මේවා අයිති එකම ක්ෂේත්‍රයකට. ඒ ක්ෂේත්‍රය තමයි ස්කන්ධ. එතකොට කාලය හා අවකාශය තුළ පවතින සඤ්ඤාව 'සඤ්ඤා ස්කන්ධයයි'. දුක අත්හරින්න ඕන නම් මේක හරියටම ඉලක්කයටම අල්ලගන්න.

කොහේ ගියත් ඵස්ස පච්චයා වේදනා...

දැන් අපි බඹලොව ගැන කතා කරනවා. ඒක තියෙන්නේ බොහොම දුර. ඒත් බඹලොව තියෙන්නෙත් සතර මහා භූතයන්ගෙන් හටගත්තු දේවල්. එහෙ තියෙන්නෙත් ස්පර්ශය ප්‍රත්‍යයෙන් හටගත්තු විඳීමක්. ස්පර්ශය ප්‍රත්‍යයෙන් හටගන්න හැඟීමක්. මෙහෙ

තියෙන්නෙත් සතර මහා භූතයන්ගෙන් හටගත්තු දේවල්. ස්පර්ශ ප්‍රත්‍යයෙන් හටගත්තු විඳීමක්. ස්පර්ශය ප්‍රත්‍යයෙන් හටගත්තු හැඳිනීමක්. ඇමෙරිකාවේ තියෙන්නෙත් ඒක. ජපනුන්ට තියෙන්නෙත් ඒක. ඕස්ට්‍රේලියාවේ තියෙන්නෙත් ඒක. අප්‍රිකාවේ තියෙන්නෙත් ඒක. මාළුන්ට තියෙන්නෙත් ඒක. මේ ලෝකයේ ඕනෑම සත්වයෙක් හඳුනගත්තා නම් හඳුනාගෙන තිබෙන්නේ ස්පර්ශයේ ප්‍රත්‍යයෙන්. හඳුන ගන්න දේටත් බැඳිල යනවා. එතකොට ඒක සඤ්ඤා උපාදාන ස්කන්ධයයි.

සංස්කාර උපාදාන ස්කන්ධය

ඊළඟට අපි ඉගෙන ගනිමු 'සංඛාර' කියන්නේ මොකක්ද කියලා. 'සංඛාර' කියන වචනය එක එක අර්ථවලට කියනවා. නමුත් මෙතැන සංඛාර හැටියට උගන්වන්නේ චේතනාව. චේතනාව කියන්නේ කර්මය. විපාක ලබාදීම පිණිස හැදෙන දේට තමයි කර්මය කියන්නේ. සැප විපාක ලබාදෙන්න හැදෙන දේ පුණ්‍ය කර්මය. දුක් විපාක ලබාදෙන්න හැදෙන දේ පාප කර්මය. බුදුරජාණන් වහන්සේ දේශනා කරනවා, "දුක් විපාක ලබාදෙන්න හැදෙන දේවලින් වළකින්න. ඒ කියන්නේ පව් කරන්න එපා. සැප විපාක ලබාදෙන්න හැදෙන දේ කරන්න. ඒ කියන්නේ පින් කරන්න." මේක දන්නේ නැති අය කියනවා, "අනේ! අපට පින් කරන්න ඕනේ නෑ" කියලා. එහෙම කියන මෝඩ අය ඕනතරම් අපට හමුවෙලා තියෙනවා. ඒ අය පින කියන්නේ මොකක්ද කියලා දන්නේ නෑ.

චේතනාහං භික්ඛවේ කම්මං වදාමි...

එහෙනම් චේතනාවටයි 'සංස්කාර' කියලා

කියන්නේ. අතීතයට හෝ අනාගතයට හෝ වර්තමානයට හෝ අයත් තමා යයි සළකන හෝ අනුන් යයි සළකන හෝ ගොරෝසු වූ හෝ සියුම් වූ හෝ, හීන හෝ ප්‍රණීත හෝ, දුර හෝ ළඟ හෝ පවතින යම් චේතනාවක් ඇද්ද, ඒක සංස්කාර ස්කන්ධයයි. ඒකට අපි බැඳෙනවා. ඒකට බැඳෙන්නේ තණ්හාවෙන්. ඒකට 'උපාදාන' කියලා කියනවා. එතකොට ඒක 'සංස්කාර උපාදාන ස්කන්ධයයි'.

මේකයි අද රටේ තියෙන තත්වය...

එකපාරටම මේක අල්ලගන්න අමාරුයි. යළි යළි මේවා අහන්න ඕනෑ. ධර්මය කතා කරපු සමාජයකට නම් මේ දේවල් තේරෙනවා. දැන් මේ ධර්මය අපට කතා කරන්න වෙලා තියෙන්නේ ධර්මය කතා කරපු සමාජයකට නෙමෙයි. මේ පෙරේත ගොටු දිදී හිටපු, බලි තොවිල් කර කර හිටපු, හදි හූනියම් කප කප හිටපු, කේන්දර පස්සේ ගිය, සුබ නැකැත් පස්සේ ගිය, අද්භූත මත ගොඩකින් පිරිච්ච සමාජයකටයි. එතකොට අපි කතා කරන දේ මේ සමාජයට අලුත්ද, පරණද? අලුත් වැඩියි. තේරෙන්නේ නෑ. මේක තමයි රටේ තියෙන තත්වය. නිවන කල් දාලා, පාරමිතා පුර පුර හිටපු පිරිසක්නෙ මේ රටේ වැඩිපුර හිටියේ. දැන් මේ වැඩපිළිවෙලින් කරන්නේ ඒකේ අනිත් පැත්ත. මේ හදන්නේ දුක අවබෝධ කරන්න මනස හසුරුවගන්න පුරුදු කරනවා. එතකොට එයා ඒකට කැපවෙන්න ඕනෑ.

මායාකාරී විඤ්ඤාණය...

ඊළඟට විඤ්ඤාණ ස්කන්ධය. විඤ්ඤාණය කියන්නේ සිත. විඤ්ඤාණය හරියට මායාවක් වගෙයි.

(මායූපමඤ්ච විඤ්ඤාණං) අපේ හිතේ හැමතිස්සේම තියෙන්න ඕනේ, 'විඤ්ඤාණයේ ස්වභාවය මායා ස්වරූපී එකක්' කියලා. දැන් අපි 'මම, මම' කියලා හිතාගෙන ඉන්නවා, තමන්ගේ සිත ගැන. නමුත් මේක මායා ස්වරූපී එකක්. ඒක අපි හොඳට තේරුම් ගන්න ඕනෑ, 'මේක මායා ස්වරූපී එකක්' කියලා. එහෙම නැත්නම් මේ විඤ්ඤාණයෙන් මවලා දෙන ඒවාට රැවටෙනවා. නැත්නම් සමාධියක් ඇතිවුණාම ඒකටත් රැවටෙනවා.

විඤ්ඤාණයේ හැටි ඔහොම තමයි...

මම දන්නවා, සමාධියක් හිතේ ඇති කරගත්තු සමහරු කියනවා, 'හිත උඩට උඩට ගිහිල්ලා නිකම් නැතිවෙලා ගියා වගේ දැනෙනවා' කියලා. එතකොට මම කියනවා, 'ඔහොම තමයි විඤ්ඤාණයේ හැටි' කියලා. එතකොට බොහෝ දෙනෙක් ඒක සාමාන්‍ය තත්වයෙන් බාර ගන්නවා. එයා හිතන්නේ 'තමන්ව මාර්ගයට හරි, ඵලයට හරි වැටුණා' කියලා. ඒක මාර්ගයවත් ඵලයක්වත් නෙමෙයි. ඒක තමයි විඤ්ඤාණයේ ස්වරූපය. නොයෙක් ක්‍රමයට හැරෙනවා. අපට කරන්න තියෙන්නේ ඒක අවබෝධ කරගන්න එකයි. විඤ්ඤාණයේ නිස්සාර බව, අර්ථ රහිත බව, මායා ස්වරූපී බව, අනිත්‍ය බව, දුක් බව, අනාත්ම බව, (තමාගේ වසඟයෙහි පවත්වන්නට බැරි ස්වභාවය) අපි අවබෝධ කරගන්න ඕනේ.

විඤ්ඤාණ උපාදාන ස්කන්ධය

මේ විඤ්ඤාණය හය ආකාරයි. ඇසත් රූපයත් නිසා චක්ඛු විඤ්ඤාණය ඇතිවෙනවා. කනත් ශබ්දයත්

නිසා සෝත විඤ්ඤාණය ඇතිවෙනවා. නාසයත් ගන්ධයත් නිසා ඝාන විඤ්ඤාණය ඇතිවෙනවා. දිවත් රසයත් නිසා ජිව්හා විඤ්ඤාණය ඇතිවෙනවා. කයත් පහසත් නිසා කාය විඤ්ඤාණය ඇතිවෙනවා. සිතට සිතුවිල්ලක් ආපුවහම මනෝ විඤ්ඤාණය ඇතිවෙනවා. **(නාමරූප සමුදයා විඤ්ඤාණ සමුදයෝ)** මේ විඤ්ඤාණය හටගන්නේ නාමරූප හටගැනීමෙනුයි. නාමරූප හටගත්තේ නැත්නම් විඤ්ඤාණය හටගන්නේ නැහැ. ඉතින් විඤ්ඤාණය පවතින්නෙත් කාලය හා අවකාශය තුළයි. ඒක තමයි 'විඤ්ඤාණ ස්කන්ධය'. ඒකට අපි බැඳෙනවා. ඒකට බැඳෙන්නේ තණ්හාවෙන්. ඒකට 'උපාදාන' කියලා කියනවා. ඒක 'විඤ්ඤාණ උපාදාන ස්කන්ධයයි'.

ගැටලුව ලිහන්න කලින් ප්‍රශ්නය හඳුනා ගන්න...

බුදුරජාණන් වහන්සේ දුක්ඛ ආර්ය සත්‍යයේ අන්තිමට පෙන්නුවේ 'හකුළුවා කිව්වොත් පංච උපාදාන ස්කන්ධයම දුකයි' කියලා. එතකොට මේ පංච උපාදාන ස්කන්ධයම දුකක් කියලා තමයි බුදුරජාණන් වහන්සේ පෙන්නා දුන්නේ. පංච උපාදාන ස්කන්ධය කියන්නේ මේ කාලය හා අවකාශය තුළ බැඳිච්ච රූප, වේදනා, සඤ්ඤා, සංඛාර, විඤ්ඤාණ කියන මේ පහටයි. මේ පංච උපදාන ස්කන්ධය පවත්වනකම්ම අපිට මේකෙන් ගැලවිල්ලක් නැහැ. එතකොට මේ ගැටළුව ලිහාගන්න ඉස්සරවෙලා 'අපි මෙහෙම ප්‍රශ්නයකට හසුවෙලා ඉන්නවා' කියලා අවබෝධ කරගන්න ඕනෑ.

බුදුරජාණන් වහන්සේ මේ දේශනයේදී දේශනා කරනවා, "මහණෙනි, මේ පංච උපාදාන ස්කන්ධය පිළිබඳව සතර ආකාරයකින් සැබෑ තත්වය අවබෝධ කරගන්නකම් දෙවියන්, බඹුන්, මරුන්, ශ්‍රමණ බ්‍රාහ්මණයින් සහිත මේ ලෝකයාට 'මම සම්මා සම්බුද්ධත්වයට පත්වුණා' කියලා ප්‍රතිඥා දුන්නේ නෑ" කියලා. ඒ වගේම බුදුරජාණන් වහන්සේ දේශනා කරනවා, "යම් දවසක මේ පංච උපාදාන ස්කන්ධයන් සතර ආකාරයකින් යුතුව යථාර්ථයෙන් අවබෝධ කළාද, අන්න එදා මම දෙවියන්, බඹුන්, මරුන් සහිත ලෝකයාටම සම්මා සම්බුද්ධයි කියලා ප්‍රතිඥා දුන්නා" කියලා.

රූපය මුල්කොට චතුරාර්ය සත්‍යය අවබෝධ කිරීම...

බුදුරජාණන් වහන්සේ සම්බුද්ධත්වයට පත්වුණේ දුක්ඛ ආර්ය සත්‍යය පිරිසිඳ දැක, මේක අවබෝධ කරනකම් උන්වහන්සේ සම්මා සම්බුදුයි කියලා ප්‍රතිඥා දුන්නේ නෑ කියනවා. මොනවද ඒ චතුරාර්ය සත්‍ය? **(රූපං අබ්භඤ්ඤාසිං)** බුදුරජාණන් වහන්සේ රූපය අවබෝධ කළා. **(රූප සමුදයං අබ්භඤ්ඤාසිං)** රූපය හටගන්නා ආකාරයත් අවබෝධ කළා. **(රූප නිරෝධං අබ්භඤ්ඤාසිං)** රූපය නැතිවීමත් අවබෝධ කළා. **(රූප නිරෝධගාමිනිං පටිපදං අබ්භඤ්ඤාසිං)** රූපය නැති කරන්න තියෙන මාර්ගයත් අවබෝධ කළා. මෙතැන බුදුරජාණන් වහන්සේ චතුරාර්ය සත්‍යයට ගලපලා තියෙන්නේ රූපය. රූපය අවබෝධ කළා. රූපය හටගන්න හේතුවන කාරණය අවබෝධ කළා. රූපය නිරුද්ධවීම අවබෝධ කළා. රූපය නිරුද්ධ කිරීමේ ප්‍රතිපදාව අවබෝධ කළා. එතකොට

රූපය අයිති වෙන්නේ දුක්ඛාර්ය සත්‍යයට. එහෙනම් රූපය කියන්නේ දුකක්.

උන්වහන්සේ ඒ යටතේ පෙන්නනවා, (චත්තාරෝ ච මහාභූතා, චතුන්නඤ්ච මහාභූතානං උපාදාය රූපං ඉදං වුච්චති භික්ඛවේ රූපං) රූප කියලා කිව්වේ සතර මහා භූතයනුත්, සතර මහා භූතයන්ගෙන් හටගත්තු දේවල්වලට. එතකොට රූප මෙච්චරයි කියලා ගණන් කරලා නෑ. කිසිම බුද්ධ දේශනාවක එහෙම නෑ. මේකේ තියෙන්නේ සතර මහා ධාතුන්ගෙන් හටගත්තු දේ තමයි රූපයට අයිති වෙන්නේ කියලා.

මේකේ කියනවා, (ආහාර සමුදයා රූප සමුදයෝ) රූපය හටගන්නේ ආහාර හටගැනීමෙන්. මෙතනදි බුදුරජාණන් වහන්සේ රූපය කියලා අදහස් කළේ මහ පොළොව ගැන නෙවෙයි. ගස් කොළන් ගැනත් නෙවෙයි. සංසාරික සත්‍වයා ගැන තමයි අදහස් කළේ. මේ සත්‍වයා පවතින්න, රූපස්කන්ධය පවතින්න තියෙන අනුග්‍රහය තමයි ආහාර. මේ ආහාරයන්ගේ අනුග්‍රහය නැත්නම් මේක පවතින්නේ නෑ. ගොරෝසු හෝ සියුම් හෝ ආහාරයක් ලැබෙන්ට ඕනෑ. අපිට ලැබෙන්නේ ගොරෝසු ආහාර. දෙවියන්ට බඹුන්ට ලැබෙන්නේ සියුම් ආහාර. කටින් නොකෑවට ඒ ජීවිත යම්කිසි පෝෂණයකින් තමයි පවතින්නේ.

ආහාර නොලැබෙන වැඩපිළිවෙලට එන්න...

(ආහාර නිරෝධා රූප නිරෝධෝ) ආහාර නැතිවීමෙන් රූප නැතිවෙනවා. බලන්න බුදුරජාණන් වහන්සේ පෙන්නනවා ආහාර නිරුද්ධවීමෙන් රූප නිරුද්ධ වෙනවා කියලා. ආහාර නිරුද්ධ කරන්න නම්

එයා ආහාර නොලැබෙන වැඩපිළිවෙලක යෙදෙන්න ඕනෑ. ආහාර නොලැබෙන වැඩපිළිවෙල තමයි ආර්ය අෂ්ටාංගික මාර්ගය. දූන් පිරිනිවන්පාපු රහතන් වහන්සේලා මේ වෙනකොට දානේ වළඳනවද? නැහැ. දූන් ඒ රූපයත් නෑ. රූපය හටගන්න ආහාරත් නෑ. උන්වහන්සේලා ආර්ය අෂ්ටාංගික මාර්ගයේ ගමන් කරලා ආහාර නිරෝධය සාක්ෂාත් කළා. පිරිනිවන් පෑවා. ඒ නිසා උන්වහන්සේලා දුකෙන් නිදහස් වුණා. අපි මේකට බැඳිලා හිටියොත් අපට මේ වැඩපිළිවෙල හැමදාම ගෙනියන්න වෙනවා.

අපි කියමු ඔන්න කෙනෙක් ප්‍රේත ලෝකයේ උපදිනවා කියලා. ප්‍රේතයින්ටත් ආහාර ඕනේ. නිරයේ උපදිනවා. තිරිසතුන්ටත් ආහාර තියෙනවා. තිරිසන් ලෝකේ සතුන්ට ආහාර ඕනේ. දෙවියන්, බඹුන් සහිත මේ සියලු ලෝකයා යැපෙන්නේ ආහාරවලින්. බුදුරජාණන් වහන්සේ මේ කාරණය නුවණින් විමසලා අවබෝධ කළා.

සුපටිපන්න වන්නට නම්...

උන්වහන්සේ ඊළඟට දේශනා කරනවා, "යම්කිසි ශ්‍රමණයෙක් හෝ බ්‍රාහ්මණයෙක් හෝ මේ ආකාරයට රූපයත් අවබෝධ කරගෙන, රූපයේ පැවැත්මත් අවබෝධ කරගෙන, රූපයේ නැවැත්මත් අවබෝධ කරගෙන, රූපයේ නැවැත්ම පිණිස පවතින ප්‍රතිපදාවකට පැමිණිලා ආර්ය මාර්ගයේ ගමන් කරනව නම් අන්න එයාට තමයි 'සුපටිපන්න' කියන්නේ" කියලා.

බුදු සසුනට හිමිකම් කියන්නේ මෙහෙමයි...

දැන් මේ විස්තර කරන්නේ පංච උපාදාන ස්කන්ධයේ ඇති රූප උපාදානස්කන්ධයයි. ඒ කියන්නේ

මේ දුක අවබෝධ කරගන්න ප්‍රතිපදාවට පත්වෙච්ච අයට කියනවා 'සුපටිපන්න' කියලා. දුක අවබෝධ කරන ප්‍රතිපදාවට පැමිණුනා නම් එයා ගිහි කෙනෙක් වේවා, පැවිදි කෙනෙක් වේවා, එයා සුපටිපන්නයි. **(තේ ඉමස්මිං ධම්ම විනයේ ගාධන්ති)** අන්න ඒ අය තමයි මේ බුද්ධ සාසනයට අයිති. එහෙනම් දුක අවබෝධ කරන්න ප්‍රතිපත්තියකින් බැසගත්තු කෙනා පමණයි බුද්ධ ශාසනයට අයිති.

එතකොට මේ රූපය කියලා අවබෝධ කරගෙන තියෙන්නේ දුක. සතර මහා භූතයින්ගෙන් හටගත්තු ශරීරයක් අපට ලැබිච්ච නිසා අපි දන් කොච්චර දුක් විඳිනවාද? සීතලෙන් දුක් විඳිනවා. උෂ්ණයෙන් දුක් විඳිනවා. පිපාසයෙන් දුක් විඳිනවා. මළමුත්‍ර කිරීමෙන් දුක්විඳිනවා. නින්දෙන් දුක්විඳිනවා. නොයෙක් කරදර කම්කටොළු වලින් දුක් විඳිනවා. ඒ සියල්ල මේ රූපය නිසයි.

උපදින්න තැනක් නැති අය...

ඊළඟට බුදුරජාණන් වහන්සේ පෙන්නා දෙනවා, "යම්කිසි කෙනෙක් රූපය අවබෝධ කරලා, රූප නිරෝධය සාක්ෂාත් කළොත් **(රූපස්ස නිබ්බදා)** රූපයට කළකිරිලා, **(රූපස්ස විරාගා)** රූපයට ඇලෙන්නෙ නැතුව, **(රූපස්ස නිරෝධා)** රූපයට ඇති ඇල්ම නිරුද්ධ කරලා, **(රූපස්ස අනුපාදා)** රූපයට බැඳෙන්නේ නැතුව, **(රූපස්ස විමුත්තා)** රූපයෙන් නිදහස් වුණාද, **(තේ සුවිමුත්තා)** අන්න ඒ අය තමයි මනාකොට මිදුණ පිරිස. **(යේ සුවිමුත්තා)** යම්කිසි එහෙම මනාකොට එහෙම මිදෙනවද, **(තේ කේවලිනෝ)** ඒ අය තමයි පරිපූර්ණ බවට පත්වෙන්නේ. **(යේ කේවලිනෝ)**

යම් කෙනක් පරිපූර්ණ බවට පත්වෙනවද, **(වට්ටං තේසං නත්ථි පඤ්ඤාපනාය)** ඒ අයට නැවත උපදින්න තැනක් නැහැ.” ඒ කියන්නේ පිරිනිවන් පානවා.

එතකොට ආර්ය මාර්ගයට පැමිණෙන ශ්‍රාවකයා මොනයම් ක්‍රමයකින් හෝ බුදුරජාණන් වහන්සේගේ දේශනාවක් ඔස්සේ මේ මාර්ගය අල්ලගන්න ඕනෑ. දැන් මේ කිව්වේ රූපය මුල් කරගෙන. එතකොට කෙනෙකුට පුළුවන් අසුභය තුළින්, අනිච්ච සඤ්ඤාව තුළින් මේ රූපය ගැන අවබෝධ කරගන්න. ඊට පස්සේ එයාලට තියෙන්නෙ නොඇල්ම පිණිස, රූපයෙන් නිදහස් වීම පිණිස, ආර්ය අෂ්ටාංගික මාර්ගය දියුණු කරන්න.

වේදනාව මුල් කොට චතුරාර්ය සත්‍යය අවබෝධ කිරීම...

ඊළඟට වේදනාව ගැන ටිකක් ඉගෙන ගන්න උත්සාහ කරමු. “මහණෙනි, වේදනාව හය ආකාරයි. වේදනාව හටගන්නේ ස්පර්ශය ප්‍රත්‍යයෙනුයි.” මේ කාරණා ටිකක් ගැඹුරුයි. නමුත් අපි හිත මෙහෙව්වොත් මේක හොඳට අල්ලගන්න පුළුවන්.

- **චක්ඛු සම්ඵස්සජා වේදනා** - ඇසේ ස්පර්ශයෙන් හටගත්තු විඳීම.
- **සෝත සම්ඵස්සජා වේදනා** - කනේ ස්පර්ශයෙන් හටගත්තු විඳීම.
- **ඝාන සම්ඵස්සජා වේදනා** - නාසයේ ස්පර්ශයෙන් හටගත්තු විඳීම.
- **ජිව්හා සම්ඵස්සජා වේදනා** - දිවේ ස්පර්ශයෙන් හටගත්තු විඳීම.

- කාය සම්ඵස්සජා වේදනා - කයේ ස්පර්ශයෙන් හටගත්තු විඳීම.
- මනෝ සම්ඵස්සජා වේදනා - මනසේ ස්පර්ශයෙන් හටගත්තු විඳීම.

කරුණු තුනක එකතු වීම...

එහෙනම් ස්පර්ශය හය ආකාරයි ඇසේ ස්පර්ශය, කනේ ස්පර්ශය, නාසයේ ස්පර්ශය, දිවේ ස්පර්ශය, කයේ ස්පර්ශය, සිතේ ස්පර්ශය කියලා. ස්පර්ශය කියන්නේ එකතුවීමට. ඇසේ ස්පර්ශය කිව්වේ ඇහැයි, රූපයයි, සිතයි එකතු වුණා. කනේ ස්පර්ශය කිව්වේ කනයි, ශබ්දයයි, සිතයි එකතු වුණා. නාසයේ ස්පර්ශය කිව්වේ නාසයයි, ගඳ සුවඳයි, සිතයි එකතු වුණා. කයේ ස්පර්ශය කිව්වේ කයයි, පහසයි, සිතයි එකතු වුණා. සිතේ ස්පර්ශය කිව්වේ සිතයි, සිතුවිලියි, දැනගැනීමයි එකතු වුණා.

බුදුරජාණන් වහන්සේ දේශනා කරනවා, "මහණෙනි, වේදනාව ගැන මේ ආකාරයෙන් යම් දවසක අවබෝධ වුණේ නැද්ද, ඒ තාක්කල් මම සම්මා සම්බුද්ධත්වයට පත්වුණා කියලා ලෝකයාට ප්‍රකාශ කළේ නැහැ. මහණෙනි, මේ වේදනාව හතර ආකාරයකට යම් දවසක අවබෝධ කළාද, අන්න එදයි, මම සම්මා සම්බුද්ධයි කියලා ලෝකයා හමුවේ ප්‍රතිඥා දුන්නේ." කියලා.

සුපටිපන්න කෙනයි, සුවිමුත්ත වන්නේ...

බුදුරජාණන් වහන්සේ පෙන්නනවා, "යම්කිසි ශ්‍රාවකයෙක් මේ ආකාරයට වේදනාව ගැන, වේදනාවේ ස්වභාවය මේකයි, වේදනාව හටගන්නේ මෙහෙමයි,

වේදනාව නිරුද්ධ වෙන්නෙ මෙහෙමයි, වේදනාව නිරුද්ධ වීමට ඇති මාර්ගය ආර්ය අෂ්ටාංගික මාර්ගයයි කියලා තේරුම් ගත්තා නම්, එයා වේදනාව කෙරෙහි කළකිරීමෙන්, ඒකෙන් නිදහස් වීම පිණිස, වේදනාව කෙරෙහි තියෙන ඇල්ම දුරුකරන ප්‍රතිපත්තියකට බැස ගන්නවා. එයා සුපටිපන්නයි. එයා බුද්ධ සාසනයට අයිති කෙනෙක්. යම්කිසි කෙනෙක් වේදනාවේ මේ ආකාර ටික අවබෝධ කරලා, වේදනාව කෙරෙහි කලකිරිලා, වේදනාව කෙරෙහි නොඇලී, වේදනාව කෙරෙහි තියෙන ඇල්ම නිරුද්ධ කරලා, වේදනාවට ඇලෙන්නෙ නැතුව වේදනාවෙන් මිදුණොත් එයාලට කියනවා 'සුවිමුත්ත' කියලා." ඒ කියන්නේ මනාකොට මිදුණු පිරිස.

ඒ පිරිස නැවත සංසාරෙට වැටෙන්නේ නැහැ. මොකද ආයෙත් සංසාරෙට ඇලෙන්නෙ නෑනේ. ඇලෙන්නේ නැත්තේ, අර මහන මැස්ම නැති නිසයි. මොකක්ද ඒකට කිව්ව පාළි වචනය? 'සිබ්බනී' මූට්ටු කරනවා. ඊළඟ ජීවිතයට මූට්ටු කරලා දමනවා. භවය හදනවා. භවය හදන්නේ තණ්හාව විසිනුයි. ඒ මූට්ටුව ලිහන්න ඕනෑ. ඒකට කරන්න තියෙන්නේ හිමීට නූල ගලවල අදින එකයි. එහෙම ඇද්දහම ඒක දෙපැත්තට වෙන්වෙනවා. ඒ වගේ තමයි මේ සිබ්බනී නැතිවුණහම භවය මැහෙන්නේ නෑ. එතකොට එයා නිදහස් වෙනවා.

සඤ්ඤාව මුල් කොට චතුරාර්ය සත්‍යය අවබෝධ කිරීම...

ඊළඟට තියෙන්නේ සඤ්ඤාව. බුදුරජාණන් වහන්සේ දේශනා කරනවා, සඤ්ඤා හයක් තියෙනවා කියලා. **(ඡයිමේ භික්ඛවේ සඤ්ඤාකායා)** සඤ්ඤාව

කියන්නේ හඳුනාගන්නවාට. (රූප සඤ්ඤා) රූප හඳුනා ගන්නවා. (සද්ද සඤ්ඤා) ශබ්ද හඳුනාගන්නවා. (ගන්ධ සඤ්ඤා) ගඳ සුවඳ හඳුනාගන්නවා. (රස සඤ්ඤා) රසය හඳුනාගන්නවා. (ඵොට්ඨබ්බ සඤ්ඤා) පහස හඳුනා ගන්නවා. (ධම්ම සඤ්ඤා) සිතුවිලි හඳුනාගන්නවා. සඤ්ඤාව හටගන්නේ ස්පර්ශය ප්‍රත්‍යයෙනුයි. ස්පර්ශය නිරුද්ධ කරන මාර්ගය තමයි ආර්ය අෂ්ටාංගික මාර්ගය. ආර්ය අෂ්ටාංගික මාර්ගය වඩනකම් ස්පර්ශය නිරුද්ධ වෙන්නෙ නැහැ. ඒ වගේම රූපය නිරුද්ධ වෙන්නෙත් නැහැ. වේදනාවත් එහෙමයි. සඤ්ඤාවත් එහෙමයි.

සඤ්ඤා විපල්ලාස යනු...

සඤ්ඤාවට අපි බැඳෙන්නේ ආකාර හතරකින්. ඒ නිසා ඒකට බුදුරජාණන් වහන්සේ කියනවා 'සඤ්ඤා විපල්ලාස' කියලා. විපල්ලාස කියන්නේ 'විකෘතිය'. ඒ කියන්නේ විරූපී බවට, වෙනස් බවට පත්වෙනවා කියන එක. විකෘතියට පත්වුණාට පස්සේ අසුබ දේ අපට පේන්නේ සුබ වගේ. අනිත්‍ය දේවල් පේන්නේ නිත්‍ය දේවල් වගේ. දුක් දේවල් අපට පේන්නේ සැප දේවල් වගේ. තමාගේ පැවැත්මෙන් තොර දේ අපට පේන්නේ තමාගේ පැවැත්ම වගේ (අනත්තේ අත්ත සඤ්ඤා) අනාත්මයේ ආත්ම සඤ්ඤාව මේවට කියන්නේ විකෘතිය කියලා.

මේ විකෘතියට පත්වෙන්නේ අවිද්‍යාව නිසයි. ඒ අවිද්‍යාව නැතිකරගන්න ඒවයේ තියෙන ඇත්ත තත්වය නුවණින් විමසන්න ඕනෑ. ස්පර්ශයෙන් තමයි මේ ඔක්කොම පටන්ගන්නේ. ඒකෙන් නිදහස් වෙන්න නම් ආර්ය අෂ්ටාංගික මාර්ගය වඩන්න ඕන. එතකොට

ආර්ය අෂ්ටාංගික මාර්ගයට පැමිණුනොත් අන්න එයා සුපටිපන්නයි. එයා බුද්ධ සාසනයට අයිති කෙනෙක්.

ඊළඟට බුදුරජාණන් වහන්සේ දේශනා කරනවා, "යම්කිසි කෙනෙක් මේ සඤ්ඤාව අවබෝධ කරලා, සඤ්ඤා නිරෝධය සාක්ෂාත් කළොත් එයා සඤ්ඤාවට කලකිරිලා. සඤ්ඤාවට ඇලෙන්නෙ නැතුව, සඤ්ඤාවට ඇති ඇල්ම නිරුද්ධ කරලා, සඤ්ඤාවට බැඳෙන්නේ නැතිව, සඤ්ඤාවෙන් නිදහස් වුණාද අන්න ඒ අය සුවිමුත්තයි. එයාලට කියනවා 'මනාකොට මිදුණු පිරිස' කියලා. ඒ අය තමයි පරිපූර්ණ බවට පත්වෙන්නේ. ඒ අයට නැවත උපදින්න තැනක් නැහැ."

සංස්කාර මුල්කොට චතුරාර්ය සත්‍යය අවබෝධ කිරීම

ඊළඟට සංඛාර. **(ඡයිමේ භික්ඛවේ චේතනාකායා)** "මහණෙනි චේතනා හයක් තියෙනවා. ඒ තමයි රූප සඤ්චේතනා, සද්ද සඤ්චේතනා, ගන්ධ සඤ්චේතනා, රස සඤ්චේතනා, ඵොට්ඨබ්බ සඤ්චේතනා, ධම්ම සඤ්චේතනා." මෙතැනදි චේතනාවට තමයි 'සංස්කාර' කියන්නේ.

දැන් මේ ගැන අපි ටිකක් විමසා බලමු. චේතනා පහළ වෙන්නේ රූප, ශබ්ද, ගන්ධ, රස, පහස, සිතුවිලි කියන මේවා අල්ලගෙනයි. රූපයට අනුව චේතනා ඇතිවෙනවා, ඒක රූප සඤ්චේතනා. ශබ්දයට අනුව චේතනා ඇතිවෙනවා, ඒක සද්ද සඤ්චේතනා. ගඳ සුවඳට අනුව චේතනා ඇතිවෙනවා, ඒක ගන්ධ සඤ්චේතනා. රසයට අනුව චේතනා ඇතිවෙනවා, ඒක රස සඤ්චේතනා. පහසට අනුව චේතනා ඇතිවෙනවා, ඒක ඵොට්ඨබ්බ

සඤ්චේතනා. සිතුවිල්ලක් ආවහම ඒක අල්ලගෙන චේතනා ඇතිවෙනවා, ඒක ධම්ම සඤ්චේතනා. මේවා ගැන හොඳ කල්පනාවෙන් හිටියොත් තමයි තමන්ට මේවා දකින්න පුළුවන්.

ද්වාරයන් හැමවිට ක්‍රියාත්මකයි...

බුදුරජාණන් වහන්සේ පෙන්නලා දෙනවා, මේ චේතනාව හටගන්නේ ස්පර්ශය ප්‍රත්‍යයෙන් බව. (එකතුවීම නිසා) එහෙනම් රූපයෙන්, වේදනාවෙන්, සඤ්ඤාවෙන් සංඛාරවලින් විඤ්ඤාණයෙන් තොරවෙච්ච මොහොතක් නැහැ. හැම තිස්සේම මේ ද්වාරයන් ඔස්සේ ඒ පහ ක්‍රියාත්මක වෙනවා. එතකොට ස්පර්ශය නැතිවීමෙන් චේතනාව නැතිවෙනවා. එහෙනම් ස්පර්ශය නැති කරන්න තියෙන මාර්ගයත් ආර්ය අෂ්ටාංගික මාර්ගය. මේ ආකාරයට යම්කිසි කෙනෙක් චේතනාව අවබෝධ කරගත්තොත් අන්න ඒ තැනැත්තා සුපටිපන්නයි. එයා බුද්ධ සාසනයට ඇතුළත් වෙච්ච කෙනෙක්. ඒකෙ තේරුම එයා ස්ථිර වශයෙන්ම සංසාරෙන් නිදහස් වෙනවා කියන එකයි.

විඤ්ඤාණය මුල්කොට චතුරාර්ය සත්‍යය අවබෝධ කිරීම...

ඊළඟට තියෙන්නේ විඤ්ඤාණය. බුදුරජාණන් වහන්සේ පෙන්නනවා, "මහණෙනි, විඤ්ඤාණය හය ආකාරයි. ඇසේ විඤ්ඤාණය, කනේ විඤ්ඤාණය, නාසයේ විඤ්ඤාණය, දිවේ විඤ්ඤාණය, කයේ විඤ්ඤාණය, සිතේ විඤ්ඤාණය. මේ විඤ්ඤාණය හටගන්නේ නාමරූප ප්‍රත්‍යයෙන්. නාමරූප නිරෝධයට

පත්වීමෙන් විඤ්ඤාණය නිරෝධයට පත්වෙනවා.” එහෙමනම් අපිට ඕන හැටියට නාමරූප නැති කරන්න බැහැ. ඇයි නාමරූපත් හට අරගෙන තියෙන්නෙ හේතුවක් නිසා. එහෙනම් ඒ හේතුව නැතිකරන්න ඕන. ඒ හේතුව නැති කරන්න නම්, ආර්ය අෂ්ටාංගික මාර්ගයම වඩන්න ඕන.

එතකොට මේ විදිහට යම් කෙනෙක් විඤ්ඤාණය, විඤ්ඤාණයේ හටගැනීම, විඤ්ඤාණයේ නිරුද්ධ වීම, විඤ්ඤාණය නිරුද්ධ වීමේ මාර්ගය කියන මේ චතුරාර්ය සත්‍ය කරා යනවා නම් එයා සුපටිපන්නයි. යමෙක් සුපටිපන්න නම් එයා අයිති බුද්ධ ශාසනයටයි. එයා බුද්ධ ශාසනයට අයිති නම් එයාට දුකින් නිදහස් වෙන්න පුළුවන්. යම්කිසි කෙනෙක් මේ විඤ්ඤාණය අවබෝධ කරලා, විඤ්ඤාණය අත්හැර නිදහස් වුණාද එයා සදහටම දුකින් නිදහස් වෙනවා.

අවබෝධ ඥාණය පිණිස සිත හැසිරවීම...

බලන්න... ඒ භාග්‍යවත් බුදුරජාණන් වහන්සේ මේ පෙන්නා දුන්නේ දුක්ඛ ආර්ය සත්‍යයට අයිති රූප, වේදනා, සඤ්ඤා, සංඛාර, විඤ්ඤාණය කියන මේ පංච උපාදාන ස්කන්ධයේ ඇත්ත ස්වභාවයයි. මේ සියලු කාරණා වලින් ප්‍රකට වෙන්නේ බුදුරජාණන් වහන්සේගේ ප්‍රඥා මහිමයයි. බුදුරජාණන් වහන්සේ පෙන්නා දුන්නා, සමහර අය රූපය මුල් කරගෙන චතුරාර්ය සත්‍යය අවබෝධ කරනවා. සමහර අය වේදනාව මුල් කරගෙන, සමහර අය සඤ්ඤාව මුල් කරගෙන, සමහර අය විඤ්ඤාණය මුල් කරගෙන චතුරාර්ය සත්‍යය අවබෝධ කරනවා. මොකෙන් අල්ලගන්න ගියත් එයා අන්තිමට අවබෝධ

කරන්නේ 'දුක' නමැති ආර්ය සත්‍යය. 'සමුදය' නමැති ආර්ය සත්‍යය ප්‍රහාණය කරනවා. 'නිරෝධය' නැමති ආර්ය සත්‍යය සාක්ෂාත් කරනවා. 'මාර්ගය' නැමති ආර්ය සත්‍යය වඩා සම්පූර්ණ කරනවා. එතකොට මේ චතුරාර්ය සත්‍යයට පැමිණෙන්න නම් මෙහෙයවන්න ඕන ප්‍රධාන දේ තමයි අපේ මනස. අපේ හිතයි මෙහෙයවිය යුත්තේ අවබෝධ ඥානය ඇතිවීම පිණිස.

කිසිම දෘෂ්ටියකට රුචි වෙන්නේ නෑ...

දවසක් බුදුරජාණන් වහන්සේ ගිජ්ඣකූට පර්වතේ පහළ ලෙනේ වැඩසිටිද්දී එතෙන්ට ආවා 'දීඝනඛ' කියලා තාපසයෙක්. පායන කාලයක් නිසා සැරියුත් හාමුදුරුවෝ බුදුරජාණන් වහන්සේට පවන් සලමිනුයි හිටියේ. 'දීඝනඛ' කියල කියන්නේ එයා දිගට නියපොතු වවාගෙන හිටපු කෙනෙක්. ඉතින් මෙයා බුදුරජාණන් වහන්සේට කිව්වා, "භාග්‍යවත් බුදුරජාණන් වහන්ස, මම කිසිම දෘෂ්ටියකට රුචි කරන්නෙ නෑ" කියලා. බුදුරජාණන් වහන්සේ ඇහැව්වා, "ඒ වුණාට ඔයා ඔය දෘෂ්ටියට රුචි කරනවා නේද?" කියලා. ඒක අහපු ගමන්ම මෙයා කල්පනා කළා, "ඇත්ත නේන්නම්. කිසිම දෘෂ්ටියක් රුචි කරන්නෙ නෑ කියන මතයට මම රුචි කරනවා නේද?" කියලා.

සැරියුත් හිමියන් රහත් වුණේ විඳීම අවබෝධ කරගෙන...

ඒ වෙලාවේ බුදුරජාණන් වහන්සේ පෙන්නුවා, 'මනුස්සයෙක් ආශාවක් ඇති කරන්නෙ විඳීමක් නිසා' කියලා. විඳීමේ ස්වරූපය, විඳීමේ අනිත්‍ය ගැන දේශනා කරගෙන ගියා. ඒ වෙලාවේ බුදුරජාණන් වහන්සේට

පවන් සලමින් හිටපු සැරියුත් හාමුදුරුවෝ දේශනාව අවසන් වෙද්දී අරහත්වයට පත්වුණා. එතකොට මොකක්ද ඒකෙන් පේන්නේ? ක්‍රියාවක් කරමින් වුණත් ධර්මය දකින්න පුළුවන්. නමුත් එතැන වැදගත් වෙලා තියෙන්නේ අවධානය යොමු කරගෙන සිටීමේ හැකියාව. සැරියුත් හාමුදුරුවෝ සීයට සීයක්ම ඒ කිච්ච කාරණයට අවධානය යොමු කරගෙනයි පවන් සැලුවේ. එහෙමයි ධර්මය අවබෝධ කරගත්තේ. අපි අපේ සිත මෙහෙයවන්න ඕනත් අවබෝධ ඥානයක් පිණිසයි.

මේ හැමදෙයක්ම හටගන්නේ හිතේ...

එහෙම නම් අපට පේනවා මේ කාරණා මනාකොට සිත තුළට මෙහෙයවලා තේරුම් ගන්න ඕනෑ බව. අපි හිතුවොත් එහෙම 'අපි මෙහෙම කර කර ඉන්නකොට ඉබේ වැටහෙයි' කියලා. ඒක කවදාවත් වෙන්නේ නැහැ. ඒකට අපි මනස හසුරුවන්නම ඕනෑ. දැන් බලන්න. මේ ගොඩනැගිලි හදලා තියෙන්නේ, යාන වාහන හදලා තියෙන්නේ, අහසේ යන ඒවා හදලා තියෙන්නේ, වතුර යට යන ඒවා හදලා තියෙන්නේ හිත මෙහෙයවලා නේද? නුවණ මෙහෙයවලයි හදලා තියෙන්නේ. නමුත් ඉස්සරවෙලාම මේක හැදෙන්නේ හිතක. හිතෙන් කරන්නේ නැතුව පැන අරගෙන ඇස් වහගෙන හිටියත් ඒක වෙන්නෙ නෑ. කල්පනා කරලා නුවණ මෙහෙයවන්න ඕනෑ. දුකෙන් නිදහස්වීමත් ඒ වගේම තමයි.

සාමාන්‍ය හිතකින් මේක කරන්න බෑ...

දුකෙන් නිදහස් වෙන්න උවමනා කෙනා ඉගෙනගත්තු දේ සිතට අරගෙන, ඒකේ හිත පිහිටුවාගෙන

හිතේ පුරුදු කරන්න ඕනෑ. අන්න එහෙම පුරුදු කරනකොට තමයි වැටහෙන්න පටන් ගන්නේ. එහෙම නැතුව ඉබේ වැටහෙන්නේ නෑ. භාවනා කරන්න පටන් ගන්න කොට මුලදී තේරෙන්නේ ඒක හරි බරක් වගේ. නමුත් අපි ඒක දිගටම කරන්න ඕන. එහෙම කරගෙන යනකොට තමයි අපට ඒක තේරෙන්න පටන්ගන්නේ. ඊට පස්සේ තියෙන්නෙ ඒ ඔස්සේ නුවණ මෙහෙයවන්නයි. ඒක අපිට සාමාන්‍ය හිතකින් කරන්න බෑ. මොකද සිත නිතරම විසිරෙනවා. ඒ නිසා අපි ආනාපානසතිය වගේ භාවනාවක් කරලා හොඳට හිත හදාගන්න ඕන. සමහරක් විට අනිත්‍යම කරගෙන යනකොට ඒකටම එයාගේ හිත පිහිටනවා. එතකොට තමයි එයාට තේරෙන්න පටන් ගන්නේ. අන්න ඒ වගේ අවබෝධයක් කරා යන්න තමයි මේ ධර්මය තියෙන්නේ.

ඉතින් මේ රූප, වේදනා, සඤ්ඤා, සංඛාර, විඤ්ඤාණ කියන පංච උපාදාන ස්කන්ධය අධිෂ්ඨාන කරලා අවබෝධ කරන්න පුළුවන් එකක් නෙවෙයි. "අනේ, මේ රූප, වේදනා, සඤ්ඤා, සංඛාර, විඤ්ඤාණ කියන පංච උපාදාන ස්කන්ධයේ යථාර්ථය මට අවබෝධ වේවා!" කියල පතනවා. එහෙම අවබෝධ වෙන්නෙත් නෑ. කවදාවත් ඒ විදිහට අවබෝධ වෙන්නේ නෑ. අධිෂ්ඨාන කරලා ජීවිතය අවබෝධ කරන්න බෑ. ඒකට අනිවාර්යයෙන්ම සිත මෙහෙයවන්න ඕනෑ. ඒකට අධිෂ්ඨාන කරන්න දෙයක් නෑ.

නන්ද හිමිගේ ශාසනාවතරණය...

ඔබට මතකද නන්ද කුමාරයාගේ කථාව? නන්ද කුමාරයා බහඳුන්නේ ජනපද කල්‍යාණිට. බුදුරජාණන්

වහන්සේ ඉස්සරහින් වඩිනවා. නන්ද කුමාරයා පාත්තරේ අරගෙන පිටිපස්සෙන් යනවා. එතකොටත් නන්ද කුමාරයාගේ හිතේ තිබුණේ ජනපද කල්‍යාණී ගැනයි. එයාගේ හිතට ඒ බන්ධනය ඇතිවුණේ ජනපද කල්‍යාණී සඳළුතලේ ඉඳලා කිව්ව දේ නිසයි. "ඉක්මණට ගිහින් එන්න" කිව්වා. නන්ද කුමාරයාගේ හිතේ ඊට පස්සේ ඒක තමයි වැඩ කළේ. බුදුරජාණන් වහන්සේ විහාරයට ගියාට පස්සේ නන්ද කුමාරයාගෙන් ඇහුවා, "මහණ වෙමුද?" කියලා. නන්ද කුමාරයා "හා" කිව්වා. එහෙම කිව්වේ හිතකින් නෙවෙයි. ඔන්න නන්ද කුමාරයා මහණ වුණා. මහණ වෙලා මෙයා හරි වැඩක් කරන්න ගත්තේ. මෙයා පොරවන්න ගත්තේ පාංශුකූල සිවුරු නෙවෙයි. බොහෝම වටිනා කසී සළු වලින් මහපු සිවුරු. මැටි පාත්තරයක් වෙනුවට බොහෝම ලස්සන දිලිසෙන පාත්තරයක් පාවිච්චි කළේ. ඒ කාලේ කාන්තා පිරිමි භේදයකින් තොරව කවුරුත් ඇස්වල අඳුන් ගානවා. ඉතින් නන්ද කුමාරයා මහණවෙලත් ඇස්වල අඳුන් ගාගෙන ඉන්නවා.

කදිම ඇපයක්...

දවසක් බුදුරජාණන් වහන්සේ කියනවා, "අනේ මම මේ කල්පනා කළේ මේ නන්ද ඇස්වල අඳුන් ටික හෝදගෙන, පාංශුකූල සිවුරක් පොරවගෙන, මැටි පාත්තරයක් අරගෙන විරාගී සිතින් පිඬු සිඟා යන්නෙ කවදද කියලයි." බුදුරජාණන් වහන්සේ බැලුවා, මෙයාගේ හිත හදන්න විදිහක් නෑ. ඇයි මෙයාට භාවනාව වැඩෙන්නේ නැහැනෙ. මෙයා හැමතිස්සෙම ජනපද කල්‍යාණී ගැන හිත හිතා ඉන්නවා. ඊට පස්සේ නන්ද හාමුදුරුවන්ව ඉර්ධියෙන් දිව්‍ය ලෝකයට එක්කරගෙන

ගියා. එහෙදි රෝස පාට යටිපතුල් තියෙන දිව්‍යාංගනාවෝ ඇවිත් වඳිනවා. බුදුරජාණන් වහන්සේ නන්ද හාමුදුරුවන් ගෙන් ඇහුවා, "මේ අය කොහොමද?" කියලා. "මේ අය නම් හරිම ලස්සනයි" කිව්වා. බුදුරජාණන් වහන්සේ කිව්වා, "හරි, එහෙනම් මම ඇප වෙන්නම්. එක්කෙනෙක් නෙමෙයි පන්සීයක් අරන් දෙනවා. හැබැයි මම කියන විදිහට කරන්න ඕනෑ" කියලා. නන්ද හාමුදුරුවොත් එකපයින්ම කැමති වුණා.

අරමුණට වැඩුවේ ආර්ය අෂ්ටාංගික මාර්ගයයි...

දැන් නන්ද හාමුදුරුවන්ගේ හිතේ තියෙන්නේ දිව්‍ය ලෝකේ යන්න. දිව්‍ය ලෝකයේ ගිහිල්ලා ආර්ය මාර්ගය වඩන්න නෙවෙයි අදහස තියෙන්නේ. දිව්‍යාංගනාවෝ පන්සීයක් ගන්නයි හිතේ. ඉතින් නන්ද හාමුදුරුවෝ බොහෝම උත්සාහයෙන් භාවනා කරනවා. ඔය අතරේ හාමුදුරුවරු එහෙන් මෙහෙන් අන්කොන් කියන්න ගත්තා, "ආ.... මෙයා දැන් පන්සීයක්නෙ බලාපොරොත්තුව. බුදු හාමුදුරුවොත් එක්ක පොඩි ගනුදෙනුවක් කරලනේ" මේ විදිහේ දේවල් කියනවා. මෙහෙම කියනකොට නන්ද හාමුදුරුවෝ හරියට ලැජ්ජාවට පත්වුණා. ලැජ්ජාවට පත්වෙන අතරේ එයා නුවණින් විමසනවා, එයාට උගන්නපු දේ ගැන. "අනේ! මම මේ දුකෙන් නිදහස් වෙන්න ඕනේ" කියලා විතරක් නෙවෙයි, නන්ද හාමුදුරුවෝ ආර්ය අෂ්ටාංගික මාර්ගයත් පුරුදු කළා.

දිව්‍යාගංනාවෝ එපා! මම දුකින් නිදහස්...

ආර්ය අෂ්ටාංගික මාර්ගය යමෙක් පුරුදු කළොත් එයා ස්ථිර වශයෙන්ම නිවන් දකිනවා. ඉතින් නන්ද

හාමුදුරුවෝ ආර්ය අෂ්ටාංගික මාර්ගය පුරුදු කරගෙන ගියා. එහෙම යනකොට නන්ද හාමුදුරුවෝ අරහත්වයට පත්වුණා. ඊට පස්සේ බුදුරජාණන් වහන්සේ ළඟට වැඩම කරලා කිව්වා, "භාග්‍යවත් බුදුරජාණන් වහන්ස, මම ආවේ කාරණයක් කියන්න." "මොකක්ද?" කියලා ඇහුවා. "භාග්‍යවත් බුදුරජාණන් වහන්සේ මට ඇප වුණේ, 'මම කියන විදිහට පුරුදු කළොත් දිව්‍යාංගනාවෝ පන්සීයක් අරන් දෙනවා' කියලා. දැන් මට ඒ අය එක්කෙනෙක්වත් එපා!" බුදුරජාණන් වහන්සේ ඇහුවා, "ඒ මොකද?" කියලා. "අනේ භාග්‍යවතුන් වහන්ස, මම දුකෙන් නිදහස් වුණා. මම මේ ආවේ භාග්‍යවත් බුදුරජාණන් වහන්සේව ඒ ඇපෙන් නිදහස් කරන්න" කිව්වා. ඒ වෙලාවේ බුදුරජාණන් වහන්සේ කියනවා, "නෑ නෑ නන්ද, ඔබ අරහත්වයට පත්වෙන කොටම මම ඒ ඇපෙන් නිදහස් වුණා" කිව්වා.

ස්ථිර වශයෙන්ම සංසාරෙන් මිදෙන්න පුළුවන්...

බලන්න බුදුරජාණන් වහන්සේ මේ සංසාරේ යන අයව බේරගන්න හැටි. ඒ තමයි බුදුරජාණන් වහන්සේගේ තිබුණු අසිරිමත් හැකියාව. එහෙනම් මේ ධර්ම මාර්ගයේ අපි ගමන් කළොත්, අපිටත් කිසි දවසක වරදින්නේ නැහැ. ස්ථිර වශයෙන්ම සංසාරෙන් මිදෙන්න පුළුවන්. සංසාරෙන් මිදෙන්න බෑ කියලා හිතුවොත් නම් කවදාවත් හිත මෙහෙයවන්නෙ නෑ. කිසි තේරුමක් නැතිව පරණ දේවල්ම බදාගෙන ඉඳියි. හිත මෙහෙයවන්නේ පුළුවන් කියන මතයට ආවොත් විතරයි, බුදුරජාණන් වහන්සේගේ ධර්මයට ඒක කරන්න පුළුවන් වෙන්නේ. ඒ

නිසා අපි බොහෝ සන්තෝෂ වෙන්න ඕන මේ අවස්ථාව
ලැබීම ගැන. අපටත් මේ බුද්ධ ශාසනයට ඇතුල්වෙන්න
පුළුවන් නම්, අපටත් මේ ආර්ය අෂ්ටාංගික මාර්ගයට
පැමිණෙන්න පුළුවන් නම්, අපටත් නිවන් අවබෝධ
කරන්න පුළුවන් නම්, මීට වඩා වාසනාවක් තවත් නැහැ.
ඉතින් ඒ නිසා 'අපි සියලු දෙනාටමත් මේ ධර්ම මාර්ගය
දියුණු කරගන්න වාසනාව ලැබේවා!'

සාදු! සාදු!! සාදු!!!

❁ ❁ ❁

මහාමේඝ ප්‍රකාශන

www.ingramcontent.com/pod-product-compliance
Lightning Source LLC
Chambersburg PA
CBHW070554030426
42337CB00016B/2492
* 9 7 8 9 5 5 0 6 1 4 5 2 3 *